만화로 보는
중동,
만들어진 역사

글쓴이 장피에르 필리유 Jean-Pierre Filiu

역사가이자 중동 전문가로 프랑스 파리정치대학교 시앙스포 국제대학원 교수다. NGO 활동가와 외교관으로서 중동 관련 경력을 쌓았고 컬럼비아대학교와 조지타운대학교의 객원 교수였다. 《이슬람의 종말》로 프랑스 역사협회 최고상인 오귀스탱티에리상을 수상했으며 그의 저서는 전 세계 12개 언어로 출판되어 중동 문제에 대한 경각심을 일깨우고 있다. 저서로는 《미테랑과 팔레스타인》, 《지하드의 경계》, 《9개의 목숨을 가진 알카에다》, 《아랍혁명》 등이 있다.

그린이 다비드 베 David B.

프랑스 만화계의 '새로운 만화' 운동을 이끌고 있는 대표 만화가다. 만화소설의 걸작으로 알려진 자전적 작품 《발작》으로 2005년 이그나츠상 작가상을 수상했고, 2011년 허무주의 시인 가브리엘레 단눈치오의 이야기를 담은 《검은 길에서》로 뛰어난 역사 만화에 주어지는 샤토드슈베르니상을 수상했다. 1990년 동료 만화가들과 독립 만화 출판사 라소시아시옹을 설립해 활발한 작품 활동을 해나가고 있다.

옮긴이 권은하

미국 UCLA에서 정치학을 공부하고 유엔, 국제원자력기구 등에서 인턴 생활을 거친 후 귀국하여 국가출연연구소에서 십수 년 근무했다. 현재 바른번역 소속 전문 번역가로 활동 중이다.

감수 김재명

중동, 발칸반도, 아프가니스탄, 동티모르, 쿠바 등 전 세계 분쟁 현장을 취재해온 국제 분쟁 전문기자다. 현재 〈프레시안〉의 기획위원, 국제 분쟁 전문기자로 일하면서 성공회대학교에서 겸임 교수로 '국제 질서의 이해', '국제 분쟁과 국제기구', '국제 분쟁과 세계질서' 등을 가르치고 있다. 지은 책으로는 《오늘의 세계분쟁》, 《눈물의 땅, 팔레스타인》, 《세상에 대해서 우리가 더 잘 알아야 할 교양57: 시리아전쟁》 등이 있다.

LES MELLEURS ENNEMIS 1, 2, 3 written by Jean-Pierre Filiu and illustrated by David B.
© Futuropolis, Paris, 2011, 2014, 2016

Korean translation rights © 2019 Darun Publisher
Korean edition published by arrangement with Futuropolis through Sibylle Books Literary Agency, Seoul.

이 책의 한국어판 저작권은 시빌 에이전시를 통해 Futuropolis와의 독점 계약으로 다른에 있습니다.
저작권법에 의해 한국 내에서 보호를 받는 저작물이므로 무단 전재와 무단 복제를 금합니다.

만화로 보는
중동,
만들어진 역사

중동을 읽는 자가 세계를 읽는다!
중동과 미국의 갈등은 어떻게 만들어졌는가?

장피에르 필리유 글 | 다비드 베 그림 | 권은하 옮김 | 김재명 감수

[일러두기]
- 이 책의 본문에서는 이슬람교를 믿는 사람이라는 뜻의 무슬림을 이슬람교도로 통일해 표기했습니다.
- 외래어 표기는 국립국어원 표기에 따랐으나 실제 사용과 크게 다를 경우에는 각주에 그 내용을 표기했습니다.
- 인물명은 본명을 모두 적지 않고 일반적으로 두루 쓰는 이름으로 표기했습니다.
- 본문의 각주는 국내 독자의 이해를 돕기 위해 옮긴이와 편집자가 덧붙인 글입니다.

추천의 글

초강대국 미국과 중동의 갈등 그리고 유착, 무엇이 문제인가?

김재명
〈프레시안〉 국제 분쟁 전문기자
성공회대 겸임 교수(정치학 박사)

1990년대 초 옛 소련이 작은 공화국들로 나뉘고 동서 냉전체제가 사라진 뒤, 미국은 유일한 초강국으로 떠올랐다. 엄청난 생산력과 자본 그리고 전 세계 국방비의 40퍼센트가 넘는 천문학적인 돈이 뒷받침하는 강력한 군사력으로 세계의 정치, 경제, 문화를 압도했다.

세계를 6개로 나눠 군 사령부를 두고 해외에 군대가 주둔하는 국가는 오로지 미국 하나뿐이다. 미주 대륙을 남북으로 아우르는 북부사령부와 남부사령부, 유럽의 유럽사령부, 아프리카의 아프리카사령부, 아시아의 아시아-태평양사령부 그리고 중동 지역의 중부군사령부는 미국의 이익을 지키기 위해 각기 맡은 지역의 군사적 안정을 유지한다. 특히 중부군사령부는 9·11 테러 뒤 벌인 아프간 침공(2001년)과 이라크 침공(2003년)을 주도적으로 이끌었다.

이 책 《만화로 보는 중동, 만들어진 역사》는 첫째, 지난날 어떤 과정을 거쳐 미국이 중동 지역에 개입했고 둘째, 중동의 석유를 안정적으로 확보하기 위해 미국이 어떻게 중동 독재자와 손을 잡았고 셋째, 미국의 친이스라엘 일방주의가 무슨 문제점과 갈등을 낳았는지 등을 만화의 형식을 빌려 실감나게 보여준다. 프랑스의 비판적 지성인 가운데 한 사람인 장피에르 필리유가 쓰고 다비드 베가 흑백의 강렬한 만화로 그린 이 책은 크게 3부로 나뉜다.

군함 위에서 만난 대통령과 국왕

1부는 미국이 영국으로부터 독립한 뒤 강대국으로 차츰 발돋움하는 과정을 그렸다. 21세기의 미국은 세계를 호령하는 초강대국이지만, 19세기만 해도 그렇지 못했다. 미 해군은 대서양과 지중해 일대에서 세력을 떨치던 이슬람 해적을 상대로 힘겨운 전투를 벌였다. 미군 장병들이 포로로 잡혔고 미국 정부는 거액의 몸값을 치러야 했다. 19세기 끝 무렵인 1898년 미국 스페인 전쟁에서 이겨 쿠바와 필리핀을 차지하기 전까지, 미국은 강대국이라 보기 어려웠다. 19세기 후반 많은 국방 예산을 들여 이른바 '철선' 건조에 힘을 쏟은 덕에 미국은 스페인 해군을 무찌르고 강대국 반열에 가까이 다가갔다.

1부 중반부에는 제2차 세계대전이 끝날 무렵 미 대통령이 수에즈 운하 근처의 미 군함 위에서 사우디 국왕을 만나는 인상적인 장면이 나온다. 돌이켜 보면 20세기 미국의 중동 정책에서 한 축은 사우디의 석유를 중심으로 돌아갔다. 제2차 세계대전 끝 무렵인 1945년 초 미 대통령 프랭클린 루스벨트는 뇌출혈로 죽기 직전에 사우디 국왕 이븐 사우드와 만나 이렇게 합의했다. "미국이 사우디 석유에 대한 특혜적인 접근을 허가받는 대신, 미국은 사우디 왕조를 안팎의 도전으로부터 지켜준다." 그로부터 70년이 넘는 기간 동안 사우디의 친미 독재왕정은 미국에게 안정적인 석유 공급을 약속하고 왕권의 안보를 보장받는 유착관계를 이어왔다.

1부 후반부는 1953년 이란 석유 이권을 노린 미국의 비밀공작을 다룬다. 미국과 영국의 두 정보기관 CIA와 MI6가 '아작스 작전'으로 이란 석유 이권을 챙겨가는 과정을 영화 속에서나 볼 법한 비화처럼 그려냈다. "이란 석유를 이란인의 손에!"라는 구호 아래 석유 산업 국유화를 추진하던 민족주의자 모사데크 총리를 친위 쿠데타를 조작해 몰아냄으로써, 미국은 이란 석유 이권 40퍼센트를 챙겼다(나머지 40퍼센트는 영국이, 20퍼센트는 이란 팔레비 독재왕정이 가져갔다). 미국이 중동의 쿠데타에 개입한 과정을 읽으며 이란 사람들의 반미 정서가 어디서 출발했는지 알 수 있다.

중동에 대한 미국의 이중 잣대

2부는 이스라엘과 주변 아랍국들 사이에 벌어진 제3차 중동 전쟁(1967년)과 제4차 중동 전쟁(1973년), 이란혁명(1979년), 레바논 내전(1975~1990년) 등 중동 유혈 분쟁에서 미국이 어떤 모습으로 대응 또는 개입했는가를 다룬다. 여기서 눈여겨볼 대목은 1965년 처음으로 무기를 실은 미국 배가 이스라엘을 향했다는 점이다. 미국이 군사 지원으로 이스라엘의 안보를 보장해준 덕에 이스라엘은 1960년대 중반에 이미 주변 아랍국들보다 더 강력한 군사력을 지니게 됐다. 제3차 중동 전쟁에서 이스라엘이 6일 만에 빛나는 승리를 이룬 배경으로 흔히 이스라엘의 기습 선제공격을 꼽지만, 근본적으로 미국의 군사적 지원을 빼고 말하기 어렵다.

1960년대 중반 이스라엘은 핵무기 비밀 공장을 남부 네게브 사막 한가운데 세우고 핵개발에 나섰다. 훗날 알려진 바로는 1969년 미국은 이스라엘의 핵투명성을 요구하지 않기로 비밀협정을 맺었다. 이스라엘은 지금껏 핵확산금지조약(NPT)에도 가입하지 않았고, 국제원자력기구(IAEA) 사찰도 받지 않아왔다. 핵개발 논란에 엄청난 압박을 받았던 이란과는 너무나 차이가 난다. 바로 이 때문에 미국의 중동 정책이 이중 잣대를 지녔다는 비판이 따른다.

2부 중반부에는 이집트와 시리아가 기습전을 벌여 이스라엘을 위기에 빠뜨린 제4차 중동 전쟁을 다룬다. 이 전쟁을 이스라엘이 막판 뒤집기로 승리할 수 있도록 이끈 것도 미국이다. 사우디를 비롯한 아랍 산유국들은 석유를 무기로 보복에 나섰고, 세계적인 유가 폭등 탓에 우리나라도 애꿎게 피해를 봤다.

2부에서는 이란혁명이 어떻게 일어났는지도 잘 풀이한다. 이란 시아파 성직자 아야톨라 호메이니를 지도자로 한 혁명은 오랫동안 외세가 챙겨가던 석유 이권을 이란 민중의 품으로 돌려주는 것을 뜻했다. 미국이 무슨 이유로 이란과의 외교관계를 끊고 지금껏 40년 동안 경제 제재를 비롯한 여러 압박 정책을 펴왔는지 이해할 수 있는 대목이다.

후세인의 오판 이끌어 전쟁판 벌인 미국

3부는 이라크의 쿠웨이트 침공에서 비롯된 걸프 전쟁(1991년), 이스라엘과 팔레스타인 간 오슬로 협정(1993년) 그리고 오사마 빈 라덴의 9·11 테러(2001년)와 그에 따른 미국의 아프간 침공, 미국의 이라크 침공(2003년), 시리아 전쟁(2011년~현재) 등을 실감나게 다루고 있다. 이 모두 미국이 중요한 행위자(actor)로 깊숙이 관련된 굵직한 사건들로, 미국의 중동 정책들을 하나씩 비판적으로 짚어볼 수 있다.

3부에서 눈여겨볼 대목 가운데 하나는 1990년 이라크와 쿠웨이트의 긴장 상황이 높아질 무렵 "미국은 아랍 내 분쟁에서 어느 편도 들지 않을 것을 분명하게 말했다"는 것이다. 1980년대에 8년을 끌었던 이란 이라크 전쟁에서 미국은 이라크의 사담 후세인을 지원했다. 그런 미국이 애매한 태도를 보이는 바람에 후세인은 "미국은 내가 무력으로 쿠웨이트를 접

수해도 눈감아줄 것"이라고 오판하고 쿠웨이트를 침공했다. 정치학자들은 이라크의 쿠웨이트 침공이 미국의 무력 개입을 불렀고(1991년 제1차 걸프 전쟁), 12년 뒤 미국의 이라크 침공(제2차 걸프 전쟁)으로 후세인의 몰락을 가져온 출발점으로 여긴다.

3부의 후반부는 2011년 민주화를 요구하며 중동 지역에 불어닥친 '아랍의 봄'과 그에 따른 리비아와 시리아에서의 유혈충돌을 그려냈다. 시리아 독재자 아사드가 화학무기를 사용해 민간인을 죽인 범죄행위를 짚으면서, 미국의 오바마 대통령이 이 문제를 제대로 대응하지 못했음을 지적한다.

아울러 3부에서는 오바마와 네타냐후 이스라엘 총리 사이에 유대인 정착촌 문제를 둘러싼 갈등을 보여준다. 오바마는 정착촌이 중동평화를 어지럽히는 암초라 여겼다. 안타깝게도 지금의 트럼프 대통령은 그렇지 못하다. 오히려 이스라엘 건국 70주년을 맞이한 2018년 5월 14일 국제사회의 반대에도 아랑곳없이 미 대사관을 예루살렘에 옮겨 이스라엘 극우 강경파들을 즐겁게 해줬다. 트럼프 행정부 들어 미국의 친이스라엘 일방주의는 더욱 노골적이다. 그에 따라 중동 사람들의 반미 정서도 높아졌다. 사려 깊은 일부 유대인 지식인들은 "트럼프의 정책이 중동평화에 전혀 도움이 되지 않는다"라고 걱정한다.

"미국의 개입이 항상 좋은 의도였던 것은 아니다."

저자는 "미국은 항상 좋은 의도로 중동 문제에 개입한 것도 아니며, 언제나 최악의 순간에 문제에서 빠졌다"라는 결론으로 책을 마무리한다. 나는 이 결론에 망설임 없이 고개를 끄덕인다. 프랑스 지식인의 비판적 혜안에 동감하면서.

미국을 바라보는 중동 지역 사람들의 눈길이 결코 우호적이지 않다. 이스라엘을 일방적으로 지원하고 한편으로 친미 독재자들과 손잡고 석유 이권을 챙겨온 역사적 사실들이 중동 사람들의 머릿속에 자리 잡고 있다. 지금도 미국은 중동 지역에서 전쟁 중이다. 미국 워싱턴 강경파들과 유대인 신보수주의자(네오콘)들이 가진 최상의 목표는 이란 테헤란에 친미 정권을 세우는 것이다. 그럼으로써 한편으로는 이란혁명(1979년)으로 잃었던 석유 이권을 되찾고, 다른 한편으로는 미국의 최대 동맹국인 이스라엘의 안보 위협을 덜어주려 한다.

한국은 중동에서 석유를 85퍼센트가량 수입해온다. 따라서 중동 평화는 우리나라에도 소중하다. 지구촌 평화를 사랑하는 사람들이 이 책을 읽으면서 중동 분쟁의 원인과 문제점, 아울러 강대국인 미국의 역할과 책임에 대해 생각하는 시간을 갖길 바란다.

추천의 글 _ 김재명 〈프레시안〉 국제 분쟁 전문기자 · 5
주요 등장인물 · 10

1부 1783~1953년, 열강이 만든 중동 ········ 13

1. 옛날이야기 · 15
2. 해적과의 싸움 · 25
3. 석유의 시작 · 73
4. 쿠데타가 남긴 것들 · 94

2부 1953~1984년, 미국이 만든 중동 ········ 129

5. 6일 전쟁 · 131
6. 두 전쟁 사이에서 · 166
7. 1979년 · 182
8. 레바논 내전 · 204

3부 1984~2013년, 새로운 질서와 싸움 ········ 233

주요 등장인물

1부 1783~1953년 중동에서는-

유수프 카라만리 Yusuf Karamanli

1795년부터 1832년까지 카라만리 왕조를 통치한 트리폴리의 파샤다. 트리폴리를 거점으로 바르바리 해적이 계속해서 미국 배를 납치하고 몸값을 요구하자 미국이 이에 반발했고 제1차, 제2차 바르바리 전쟁이 일어나게 된다.

압둘아지즈 이븐 사우드 Abdulaziz Ibn Saud

사우디의 초대 국왕이며 1932년부터 1953년까지 사우디를 통치했다. 서방 세계에는 이븐 사우드(Ibn Saud)라는 이름으로 알려져 있다. 구축함 USS 머피호에서 루스벨트 미국 대통령과 만나 사우디의 안보를 보장받고 석유 개발권을 허가했다.

모하마드 모사데크 Mohammad Mossadegh

1951년부터 1953년까지 이란의 총리였으며, 이란 석유 산업의 국유화를 단행하고 팔레비 왕조의 권한을 축소하고자 했다. 이에 이란 국민의 압도적인 지지를 받았으나 미국 CIA가 지원한 군부 쿠데타로 실각되고 만다.

모하마드 레자 팔레비 Mohammad Reza Pahlevi

팔레비 왕조의 제2대 샤(국왕)로 이란의 마지막 샤이기도 하다. 석유 국유화 문제로 모사데크 총리와 대립했으며 미국의 지원으로 모사데크 총리를 축출하고 복귀한다. 그 후 백색혁명으로 토지개혁, 여성 참정권 부여 등 이란의 근대화를 이끌었으나 부패와 비리 등으로 국민의 지지를 받지 못하고 이슬람 세력의 저항을 불러와, 1979년 이란혁명으로 쫓겨나게 된다.

2부 1953~1984년 중동에서는—

가말 압델 나세르 Gamal Abdel Nasser

1952년 군부 쿠데타로 무능한 이집트 왕을 몰아내고 1956년 이집트 제2대 대통령 자리에 올라, 나세르주의라 알려진 범아랍주의(하나된 아랍)를 외치며 특유의 카리스마로 국민적 지지를 받았다. 1956년 수에즈 운하 국영화를 선언해 수에즈 전쟁이 일어났고 1967년에는 시나이반도에서 유엔군을 몰아내고 티란 해협을 지나는 이스라엘 선박을 막아 6일 전쟁이 일어났다.

안와르 사다트 Anwar Sadat

1970년 9월 나세르 대통령이 심장마비로 사망하고 그 뒤를 이어 제3대 이집트 대통령이 되었다. 1973년 10월 시리아와 함께 이스라엘을 선제공격해 제4차 중동 전쟁이 일어났고 아랍 국가 사이에서 전쟁 영웅으로 칭송받았다. 하지만 그 후 친미주의로 노선을 바꿔 1978년 메나헴 베긴 이스라엘 수상과 캠프 데이비드 협정을 맺고 1978년 노벨평화상을 수상했다. 이로 인해 유대인에게 팔레스타인을 넘긴 배신자로 비난받고 결국 이슬람 근본주의 성향을 지닌 극단적 민족주의자들의 공격을 받아 사망했다.

아야톨라 루홀라 호메이니 Ayatollah Ruhollah Khomeini

이슬람교 시아파의 아야톨라(최고의 성직자에게 부여하는 칭호)로 이란의 서구화에 반대하여 이란혁명을 이끌었다. 1979년 레자 샤가 국외로 추방된 뒤 이란의 수도 테헤란으로 귀환해 임시 혁명정부를 조직했으며 이란이슬람공화국을 세웠다. 이후 이맘(imamn)의 칭호를 받고 최고 지도자로서 1989년 사망할 때까지 이란을 통치했다.

3부 1984~2013년 중동에서는-

사담 후세인 Saddam Hussein
1979년 이라크 대통령에 올랐고 1990년 8월 쿠웨이트를 침공해 걸프전을 일으켰지만 미국을 비롯한 다국적군의 공격에 패배했다. 2003년 이라크가 보유한 대량 살상무기를 폐기한다는 명분으로 미국이 이라크를 침공했고 이에 패배 후 도피했으나 체포되어 2006년 12월 사형당했다.

오사마 빈 라덴 Osama bin Laden
9·11 테러를 일으킨 알카에다의 지도자로 급진 이슬람 원리주의를 추구하며 지하드 정신을 결의하고 세계 곳곳에 폭탄테러를 지시했다. 2011년 5월 파키스탄 외곽 마을에서 미군 특수부대의 공격을 받고 사망했다.

야세르 아라파트 Yasser Arafat
팔레스타인 해방기구(PLO)의 집행위원장이자 팔레스타인 자치정부(PA) 대통령을 역임했다. 1993년 이스라엘은 PLO를 공식적으로 인정하고 PLO는 무력투쟁을 포기하는 오슬로 협정을 체결했고 가자지구와 서안지구에 팔레스타인 자치지구를 창설했다. 이 공로로 1994년 시몬 페레스 이스라엘 외교부장관과 이츠하크 라빈 이스라엘 총리와 함께 노벨평화상을 수상했다.

베냐민 네타냐후 Benjamin Netanyahu
1996년부터 1999년까지 이스라엘 총리를 역임했으며 2009년에는 두 번째 총리직에 올라 10년 넘게 장기 집권했다. 이스라엘의 보수 정당인 리쿠르당 소속이며 유대인 민족주의를 강조하고 팔레스타인에 강경한 입장을 고수하고 있다.

1부

1783~1953년, 열강이 만든 중동

1 | 옛날이야기

* 고대 수메르의 도시국가로 지금의 이라크 남부에 위치했다.

* 길가메시 서사시에서 엔릴 신이 삼나무숲을 지키라고 보낸 괴물로, 외치는 소리는 홍수와 같고 입은 불덩이인 데다 숨결은 죽음이라 묘사된다.

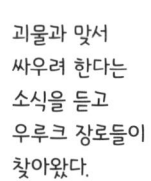

신들의 바람과 달리 훔바바는 엔키두의 손에 죽고 말았다.

길가메시와 엔키두는 삼나무를 벴다. 훔바바의 시체는 그 아래에 파묻혀 사라졌다.

이제 신전을 완성할 수 있을 것이다.

하지만 우루크로 돌아온 후 엔키두가 죽는다. 신을 거역한 죄로 벌을 받은 것이다.

혼자 남겨진 길가메시는 괴로워하다 마침내 깨닫는다.

자신들의 행동이 어떤 결과를 가져왔는지를.

이후 길가메시는 삶과 죽음의 비밀을 알기 위해 불멸의 우트나피쉬팀*을 찾아 먼 길을 떠났다.

영생의 비밀을 손에 넣는 듯 했지만 결국에는 놓쳐버리고, 힘든 고난을 이겨낸 길가메시는 빈손이지만 현명해져 돌아왔다.

길가메시 서사시는 지금까지 발견된 기록물 중 가장 오래된 것이다. 이 지역 모든 문명에 영향을 미쳤다. 수메르와 바빌로니아, 히타이트, 아시리아에 비슷한 이야기가 전해지며 성경에도 그 흔적이 있다.

지난 4,000여 년 동안 이라크에도 이 이야기가 전해져 내려온다.

* 고대 수메르의 도시국가 슈루파크의 '현명한 왕'으로, 엔릴 신이 일으킨 대홍수에서 살아남고 영생을 얻었다 한다.

2003년 미국의 침공으로 이라크는 내전과 분쟁의 소용돌이에 빠졌다.

2002년 조지 부시 대통령과 2003년 도널드 럼즈펠드 국방부장관의 말을 길가메시와 엔키두의 입을 빌려 들어보자.

4,000년 전 비극이 펼쳐진 이곳에서 우리는 여전히 전쟁의 경고를 무시하고 있다.

* 인류 최초의 영토 분쟁을 기록한 석판으로 고대 수메르의 도시국가 라가시의 왕 에안나툼이 움마를 정복한 일을 담고 있다.
** 이라크 최대 정치범 수용소로, 미군이 재소자를 학대하고 그 장면을 사진으로 찍은 것이 2004년 인터넷에 유포되면서 큰 파문을 일으켰다.

2 | 해적과의 싸움

기독교인과 이슬람교 해적은 여러 세기 동안 지중해에서 부딪쳤다.

15세기 말 오스만 제국이 활발한 정복 활동을 펼치며 이슬람교도가 우위를 점했다.

콘스탄티노플 술탄의 명을 받은 바르바로사 형제가 지하드 정신*을 수호하기 위한 바다의 거점으로 알제를 통치하고 있었다.

* 좁게는 이교도와 맞서 싸우는 저항 운동이고 넓게는 종교적, 도덕적 원칙을 지키기 위한 이슬람교의 정신적 투쟁을 말한다.

하지만 모로코와 알제리, 튀니지, 리비아 항구에서는 기독교인과 이슬람교도의 격전이 계속되었다.

17~18세기 동안 영국과 프랑스, 스페인, 네덜란드 함대가 계속해서 알제와 튀니스를 공격했지만 성과가 없었다.

오히려 기독교인들의 함대가 함락되었고 선원과 승객은 잡혀가 노예가 되었다.

이런 배교자들이야말로 과거에 같은 기독교 신자였던 노예를 가장 잔인하게 학대하고 괴롭히는 최악의 적이었다.

가장 운이 나쁜 이들은 갤리선*에서 노를 저었다.

하지만 범선**이 등장하자 갤리선 노예들은 쓸모가 없어졌고

건물을 짓는 토목 공사장이나 성벽 밖 노역장으로 보내졌다.

* 고대 그리스와 로마 시대 때 주로 노예에게 노를 젓게 해 이동한 배다.
** 선체 위에 돛을 세워 바람을 받아 이동하는 배다.

그들은 굶주리고 매를 맞았으며, 온갖 수난을 겪으면서도 자신들의 종교를 지켰다.

그나마 운이 좋은 자는 부유한 집에 팔려가 하인이 되었다.

능력에 따라 집사나 개인 비서가 되는 행운을 누리기도 했다.

지역별로도 처우가 달랐다. 모로코 지역에서는 노예를 가혹하게 부렸지만 튀니지 지역 노예는 그 나름의 혜택을 누리기도 했다.

19세기 초 3대 해양대국이었던 프랑스와 영국, 스페인이 공물을 바치는 대가로 오스만 제국과 평화조약을 체결했다.

반면 덴마크와 네덜란드, 이탈리아처럼 해군력이 약한 국가는 해적의 희생양이 되었다. 몸값을 지불하고 포로를 데려오는 것 외에는 선택의 여지가 없었다.

한편 영국은 미국이 이제 독립 국가가 되었고 더는 영국 해군의 보호를 받지 않는다는 사실을 알제리인에게 슬며시 흘렸다.

영국인의 '페어플레이 정신'에 따라!

1785년 알제리인이 미국 상선들을 포획했다.

이를 계기로 미국에 바르바리 해적*의 존재가 알려지게 되었다.

당시 신생 국가였던 미국은 인구가 300만에 이를 뿐인 나라였고 노예는 곧 경제력을 의미했다.

* 알제와 튀니스, 트리폴리를 거점으로 활동하던 해적으로 전 유럽을 상대로 약탈을 일삼고 기독교 신자를 납치해 노예로 삼았다. 18세기에는 오스만 제국의 지원을 받아 활동 범위를 늘렸다. 바버리 해적이라고도 부른다.

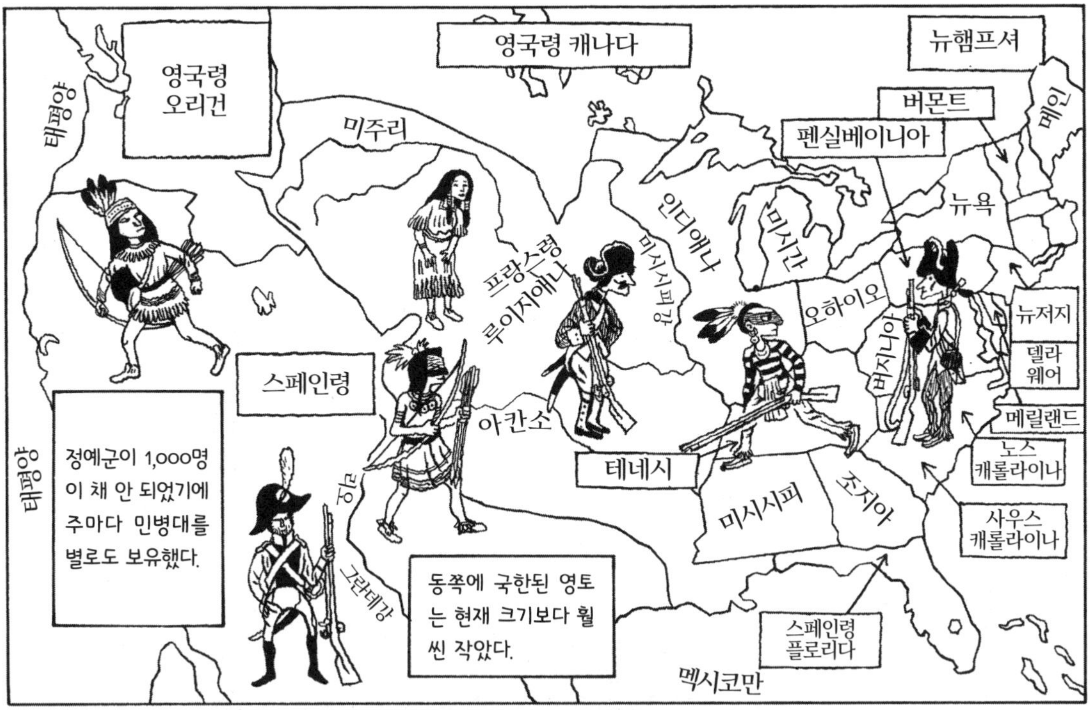

지도 레이블

- 태평양
- 영국령 오리건
- 영국령 캐나다
- 뉴햄프셔
- 미주리
- 버몬트
- 펜실베이니아
- 뉴욕
- 매사추세츠
- 인디애나
- 미시건
- 프랑스령 루이지애나
- 미시피강
- 뉴저지
- 델라웨어
- 오하이오
- 버지니아
- 스페인령
- 메릴랜드
- 아칸소
- 노스 캐롤라이나
- 테네시
- 사우스 캐롤라이나
- 앨라배마
- 미시시피
- 조지아
- 리오그란데강
- 대서양
- 스페인령 플로리다
- 멕시코만

정예군이 1,000명이 채 안 되었기에 주마다 민병대를 별로도 보유했다.

동쪽에 국한된 영토는 현재 크기보다 훨씬 작았다.

인디언을 제외하고는 그 누구와도 전쟁을 하지 않았던 때다.

트리폴리의 특사가 미국도 노예가 있지 않냐며 반박하자 제퍼슨은 격분했다.

노예를 '인간적'으로 대우하는 미국과 바르바리 해적을 비교하는 것은 있을 수 없는 일이라며 펄쩍 뛰었다.

결국 협상은 결렬되고 만다.

1796년 바르바리 해적은 미국 선박 두 척을 포획하고 선원을 노예로 삼았다. 덕분에 평화조약은 트리폴리에게 유리한 조건으로 체결되었다.

1797년 존 애덤스가 미국의 두 번째 대통령이 되었다. 그리고 미국 정부는 국가 전체 예산의 5분의 1에 이르는 금액으로 바르바리 해적과 평화조약을 체결했다.

1801년에는 토머스 제퍼슨이 미국 대통령이 되었고 또다시 해적과 공물 문제에 직면하게 되었다.

밑 빠진 독에 물 붓는 격이군!

술탄과 베이, 파샤 들*의 요구는 나날이 높아져 갔고 이웃 국가만큼 또는 그 이상을 받고 싶어 했다. 트리폴리의 파샤가 제임스 캐스카트 공사에게 이렇게 말했다.

당신들의 돈이 평화를 가져오기는 했지만 유지할 만큼은 아니었소.

결국 당시 트리폴리를 지배하던 파샤 유수프 카라만리는 공사를 추방하고 미국과의 전쟁을 선포했다.

* 오스만 제국에는 지도자를 부르는 호칭이 다양하다. 베이는 지방 장관, 파샤는 총독이나 장군, 고위 성직자를 부르는 말이다.

하지만 1782년부터 전염병과 기근이 이어지면서 트리폴리는 황폐해졌고 섭정의 힘이 약해졌다.

결국 내전까지 일어났지만 1797년 유수프 카라만리는 알제리 정복자에게서 권력을 되찾아 올 수 있었다.

이론상 유수프 카라만리의 권력은 콘스탄티노플 술탄에게서 나오지만 그는 자신만의 정책을 펼쳤다.

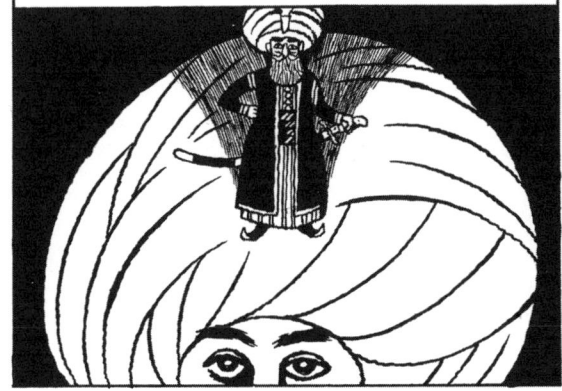

당시 오스만 제국의 영토인 이집트를 공격 중이던 나폴레옹과 교섭하는 것도 주저하지 않았다.

제퍼슨 대통령은 지중해 너머 대서양을 가로질러 트리폴리의 파샤를 처단하는 함대를 보내기로 했다.

이 사실을 뒤늦게 안 미 의원들은 분개했다. 함대 파견은 바르바리 해적에게 돈을 주는 것보다 두 배나 많은 돈이 든다는 이유였다.

트리폴리 항구를 봉쇄하기 위해 함선 네 척이 대서양을 건넜다.

하지만 항구 근처에는 산호초가 즐비했고 수심이 얕아 배가 해안에서 일정 거리 이상 가까워질 수 없었다.

반면 트리폴리의 펠러커선*은 크기가 작아 미국 함대의 감시를 피해 해안을 따라 도망치기 쉬웠다.

얼마 안 가 미국 함대는 마실 물이 부족해졌다.

* 삼각돛을 단 소형 범선으로 홍해와 지중해 연안에서 주로 사용했다.

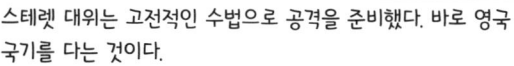

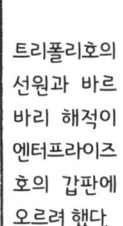

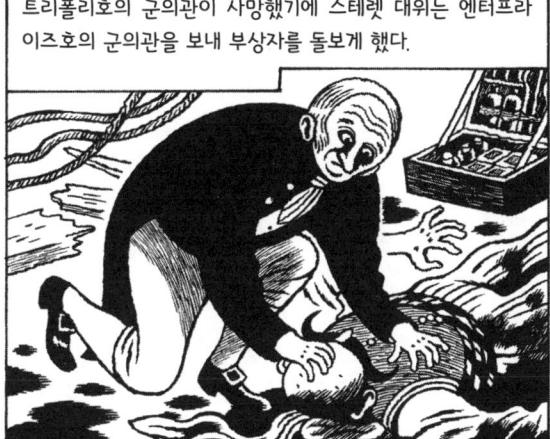

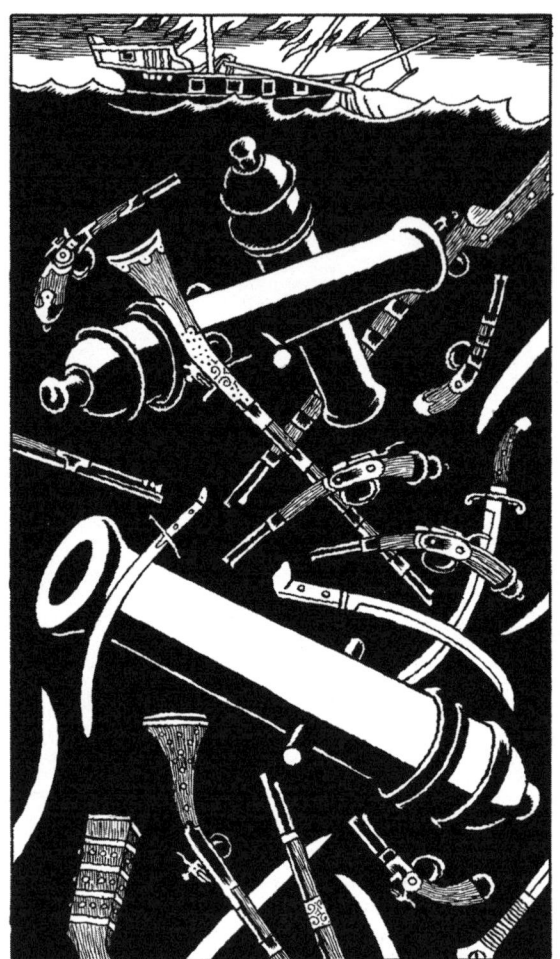

적군 함선의 나포를 금지한다는 명령에 따라 스테렛 대위는 트리폴리호를 남겨둔 채 떠났다.

모하마드 로우스 선장은 겨우겨우 트리폴리호를 항구에 정박했다.

파샤는 즉시 선장을 파면하고 태형에 처했다.

미국의 트리폴리 공격은 계속되었지만 큰 성과는 거두지 못했다. 하지만 스테렛 대위의 승리로 미국 여론은 흥분했다.

해적을 소탕한다는 명목으로 제퍼슨은 의회로부터 물질적, 법률적 지원을 받아냈다.

"트리폴리의 파샤와 그 시민이 소유한 모든 선박과 자산을 몰수해 항구로 이송한 후 법에 따라 처분하라."

1802년 트리폴리 해적이 프랭클린 호를 공격하고 선원을 노예로 삼았다.

미국은 또다시 몸값을 지불해야 했다.

트리폴리 공격이 계속 실패하자 데일 준장은 미국으로 돌아와 제독 자리를 요구했다.

당시 미 해군에는 제독이라는 계급이 존재하지 않았기에 의회는 요구를 거부했다.

격분한 데일은 군을 떠났다.

1803년 4월 모리스 준장의 지휘하에 두 번째 원정대가 출격했지만 역시 결과는 보잘것없었다.

미군은 트리폴리 항구를 봉쇄하고 트리폴리 측 밀가루 수송선이 빠져나오지 못하게 했다.

수송선을 파괴하기 위해 미군이 상륙했고

화물 전체는 아니더라도 일부를 불태울 수는 있었다.

역사상 처음으로 미군이 육지에서 이슬람교도와 맞붙는 순간이었다.

그해 6월 미군은 파샤 소유의 함선 한 척을 완전히 쳐부쉈다.

임무를 완수했다고 생각한 모리스 준장은 본국으로 돌아갔지만 즉시 특별조사위원회에 소환되었다.

"귀하가 계속해서 미 해군을 지휘하는 것은 이제 국익에 부합하지 않소이다!"

1803년 5월 미국은 프랑스에게 루이지애나를 매입하면서 국토를 두 배 이상 늘렸다.

트리폴리에서는 유수프 카라만리가 다른 섭정국에게 함께 미국과 싸울 것을 요구했다.

알제와 모로코에서 무기와 탄약, 식량이 속속 도착했다.

미 의회는 세 번째 원정대를 파견하기로 했다. 이번 원정대를 지휘할 장교는 임무에 적합한 이여야 했다.

'철장갑 쇠주먹'이라는 에드워드 프레블 준장이 임명되었다.

1803년 10월 7일 트리폴리 항구 공격이 재개되었다.

10월 31일 트리폴리의 함선을 추격하던 필라델피아호가 암초에 좌초되었다.

배는 즉시 섭정국들의 함대에 둘러싸여 포탄 세례를 받았다.

미군은 선체가 기울어진 바람에 반격할 수가 없었다.

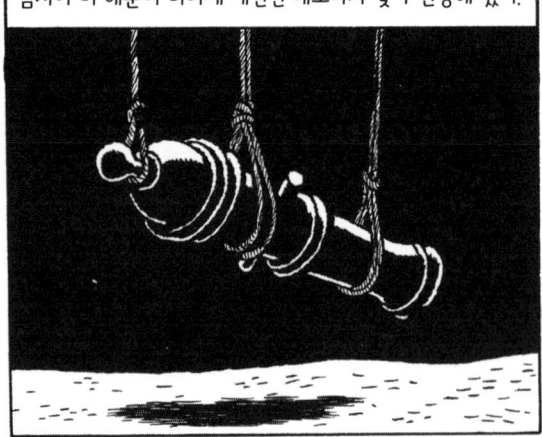

디케이터 대위의 대원들이 트리폴리를 급습했다.

트리폴리인들은 제대로 저항도 못 하고 바다로 뛰어내렸다.

미 해군은 필라델피아호에 화약을 선적한 뒤 도화선에 불을 붙이고는 재빨리 탈출했다.

배는 파샤 궁전 창문 바로 밑에서 폭발했다.

협상카드가 없어지자 화가 난 파샤는 감금했던 필라델피아호 선원을 구타하라고 명령했다.

유수프는 미국에 협박을 했다가 협상도 하고 평화조약 체결도 제안하는가 하면, 더 많은 돈을 요구하기도 했다.

프레블 준장은 유리한 패는 최대한 이용하겠다는 태도였다.

도시의 성벽에 폭격이 쏟아졌다.

공격을 감행한 미 병사들이 선박을 여러 척 포획했다.

결국 그는 네 번째 원정대로 온 제임스 배론 준장에게 지휘권을 넘겨줘야 했다.

배론은 튀니스 주재 미국 공사였던 윌리엄 이턴과 동행했다. 파샤의 형 하메트 카라만리를 상대한 경험이 있는 자였다.

1793년 알리 카라만리는 죽음을 앞두고 장남 하산을 후계자로 지목했다. 하지만 셋째 아들 유수프가 맏형을 살해한 뒤 권력을 장악하고 둘째 형 하메트를 추방했다. 하메트는 이집트로 피신했고 유수프는 하메트의 부인과 자식들을 인질로 삼았다. 하메트는 미국 정부에게 왕위를 되찾는 것을 도와달라고 요청했다.

개입주의자였던 이턴은 상황이 정리되면 미국이 유리한 조건으로 평화조약을 체결하겠다는 제안을 즉각 받아들였다.

제퍼슨의 승인도 얻었다. 미국 역사상 최초로 적국의 정부를 전복하려는 시도였다.

이턴이 이집트 사막을 가로질러 유수프의 형 하메트 카라만리와 그 추종자들과 합류하려 진군하는 동안, 배론 준장은 트리폴리를 공격했다. 토비아스 리어 공사는 유수프와 협상을 진행했다.

세 가지 전략이 동시에 진행된 것이다.

이턴과 하메트 카라만리는 베두인족* 용병과 이집트군에서 탈영한 그리스 병사, 지중해 동부 출신 용병을 고용했다.

여기에 미국 측 병사 8명이 합류했다. 트리폴리 정복을 위해 모인 동맹군은 총 500명이었다.

동맹군의 첫 번째 계획은 트리폴리 동쪽의 데르나 항구를 점령하는 것이었다.

* 아라비아반도와 시나이반도 등 사막지대에서 천막 생활을 하는 아랍의 대표적인 유목민이다.

이들은 공격하는 척 위협했다가 후퇴하고는 다시 공격했다.

하지만 그리스와 미국 병사들은 꿈쩍도 하지 않았다.

한 시간가량 소동을 피운 끝에 하메트 카라만리의 부대는 무기를 내려놓고 다시 진군하기로 합의했다.

며칠 후 데르나 항구 공격을 지원할 미국 함대로부터 물자가 보급되었다.

아거스호와 호닛호, 노틸러스호가 1805년 4월 26일 데르나 항구를 폭격하기 시작했다.

방어하던 이들은 모두 도시로 퇴각했지만 이턴과 하메트 카라만리 부대의 공격을 피할 수는 없었다.

동맹군은 이제 트리폴리를 공격할 기지를 마련하게 되었다. 파샤의 지원 부대는 한발 늦게 도착했다.

데르나가 함락되었다는 소식에 유수프는 리어 공사가 제안하는 평화조약을 수락했다.

동맹군은 철수했고 데르나는 다시 그에게 넘어갔다.

히메트가 공격할 것에 대비해 유수프는 비밀조항을 삽입해 형의 가족을 계속 인질로 두기로 했다.

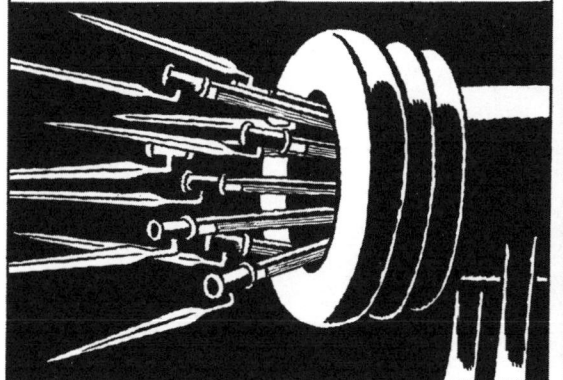

양측 모두 자신이 전쟁의 승리자라고 여겼다. 미국은 평화를 얻었고 포로도 돌려받았다.

하지만 이턴과 강경파들은 리어 공사가 평화조약을 맺고 하메트를 포기한 것을 강력히 비난했다.

이턴은 파샤의 세력이 약화된 상태라 쉽게 전복할 수 있었고 트리폴리를 함락했으면 알제와 튀니스 섭정에 좋은 본보기가 되었을 것이라 생각했다.

해적과 평화조약이라니. 있을 수 없는 일이야!

하지만 정부 입장에서는 평화조약이야말로 미국인의 삶과 재산을 지키는 방법이었다.

파샤는 체면도 살렸고 미국에 대항할 능력이 있다는 것을 다른 여러 아랍 국가에 입증했다며 결과에 만족했다.

한편 미국이 트리폴리와 평화조약을 맺은 것은 스스로 약점을 인정한 것과 같다 판단한 알제리 해적은 미국 상선을 포획했다.

그 후 몇 해 동안 미국 상선 여러 척이 공격당하거나 포획되었다.

1812년 미영 전쟁이 발발하자 미국의 관심이 중동과 멀어지는 듯했다.

하지만 미국이 바르바리 선박 여러 척을 나포하면서 결국 1815년 미국과 알제리의 전쟁이 시작되었다.

미국 함대가 수도 알제까지 진격하자 알제리의 베이는 협상을 하지 않을 수 없었다. 미국 포로는 석방되었고 미국은 다른 서구 국가는 얻지 못한 조건으로 평화조약을 체결했다.

1816년 영국과 네덜란드도 차례로 대포를 들이대며 유리한 조건으로 평화조약을 갈취했다.

1830년 프랑스군이 알제를 함락하면서 오스만 제국의 알제리 섭정은 끝이 났다.

바르바리 해적도 지중해에서 자취를 감추게 되었다.

1805년 미국은 루이스와 클라크 부대를 태평양에 파견했다.

그 후 수십 년간 미국은 조약을 맺거나 싸움을 하며 서쪽과 남쪽으로 영토를 확장했다.

이렇게 미국은 아시아와 오세아니아, 유럽, 아프리카의 요지를 장악했다.

3 | 석유의 시작

아랍 국가와 평화조약을 맺었지만 미국이 직접 오스만 제국과 공식 외교를 수립한 것은 1862년에 이르러서였다.

이스탄불 주재 미국 외교관들은 적극적으로 현지 관료를 매수해 이스탄불에 거주하는 미국인들의 치외법권을 얻어냈다.

19세기 초 미 정부는 선교사 수백 명을 해외로 파견했고 이는 미국 국민의 분노를 사기도 했다.

현지 위생 상태는 매우 열악했고 1826년에서 1841년 사이 파견된 선교사 중 3분의 1이 얼마 지나지 않아 질병에 걸리거나 사망했다.

이런 열렬한 선교 활동은 서부개척 때 원주민에게 강조한 메시아적 비전과 통하는 부분이 있었다.

신이 주신 이 대륙에 진출하는 것은 우리의 숙명입니다.

존 오 설리번

1844년 뉴욕대학 히브리어 교수이자 부시 대통령의 먼 조상인 조지 부시 목사는 '유대인이 이스라엘 땅을 재건'해야 한다고 주장했다.

무함마드*는 사이비 예언자다!

한편 마크 트웨인은 현지 종교에 비판적인 생각을 가지고 중동 여행길에 올랐다.

* 이슬람교의 창시자다.

* 중동과 아프리카, 동유럽, 일부 아시아 등에서 발전한 동방 기독교를 믿는 이들로, 라틴 교회와 개신교가 속한 서방 기독교와 종교적 배경이 다르다. 미국을 비롯한 서구 기독교인들은 이슬람교도를 개종시키려 했으나 대부분 원래 기독교 신자였던 동방 기독교인이 서방 기독교인이 되는 데 그쳤다.

* 오스만 제국의 통치력을 상징적으로 보여주는 기념비적인 문 또는 그를 지칭하는 표현이다.
** 팔레스타인에 유대인 국가를 건설하는 것이 목표인 민족주의 운동가로, 1917년 영국이 밸푸어 선언으로 레반트 지역에 유대인 국가 건설을 허용한다.

* 요르단의 옛 이름이다.

영국의 지배를 받지 않으면서 미군의 석유 수요를 충족할 만한 국가는 사우디아라비아뿐이었다.

당시 사우디의 국왕은 69세인 압둘아지즈 이븐 사우드였다.

사우디 왕조의 시작은 18세기로 거슬러 올라간다.

사우디 왕조는 엄격한 원리주의자였던 이맘*과 네지드 지방의 사우디 가문 수장이 만나며 탄생했다.

* 이슬람 예배의 인도자로 기독교의 목사와 비슷한 직책이다.

* 사우드 가문이 와하비즘을 받아들여 옛 사우디 왕국을 세운 곳으로 현 사우디 수도 리야드의 북서쪽 외곽에 성벽이 남아있다.
** 오늘날 사우디의 건국 이념으로 창시자인 무함마드 이븐 압둘 와하브는 예언자 무함마드의 전통으로 돌아가자는 이념하에 이슬람법을 강력히 적용한 교리를 이웃 부족에게 강요하고 토속신앙의 무덤이나 사원은 이단이라 규정해 모두 파괴했다.

이 와하비파는 곧 중앙 아라비아를 벗어나 리야드*와 알하사** 지역을 차례로 점령했다.

1802년 와하비파는 이라크 시아파의 도시인 카르발라를 점령하고 주민을 학살했다.

시아파와 와하비파 모두에게 적대적이었던 당시 오스만 총독은 이 사태를 방관했다.

* 사우디의 현 수도다.
** 사우디 동부의 오래된 오아시스 지역이다.

* 극단적인 금욕 생활을 하는 이슬람교 집단이다.
** 누구에게 살해당했는지는 출처에 따라 다르다.

1889년 압둘아지즈 이븐 사우드의 아버지가 라시드 가문 일원을 초대해 만찬을 연다. 당시 13살이던 이븐 사우드는 아버지의 명령에 따라 학살이 벌어지는 장면을 지켜봤다.

25세가 되던 해 이븐 사우드는 리야드를 탈환하고 와하비파의 수장이 되었다.

그리고 1924년 메카를 지배하던 하심 가문과 전쟁을 벌인 끝에 메카를 점령한다.

한때 이븐 사우드를 지지했던 이크완*의 반란은 포탄과 기관총을 앞세운 영국인에게 진압당했다.

* 아라비아반도의 비정규 부족 민병대로, 1910년 리야드와 쿠웨이트 베드윈 지역에 거주하던 무타이르족과 베두인족을 중심으로 결성되었다. 아라비아반도에서 사우드 가문 세력이 커지자 여러 부족 사이에서 자신의 부족도 정치 세력화하려는 움직임이 발생했고 이크완도 이런 움직임의 하나로 반기를 들었다.

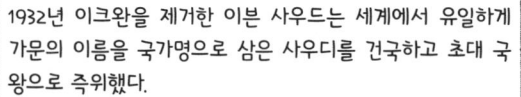

영화를 안 틀어준다면 아버지께 말씀드려 협상이 결렬되게 하겠소!

소문에 따르면 왕자들은 아침에 상영된 〈파이팅 레이디〉보다 더 교양 없는 영화를 몰래 보러갔다 한다.

국왕은 갑판에 텐트를 치고 업무를 봤다.

장교들과 선물도 교환했다.

또한 자신을 위해 특별히 번역한 뉴스를 읽으며 국제 정세에 관한 정보를 얻었다.

국왕은 사우디 다란에 미군 기지를 건설하는 것을 승낙했다.

다란은 분쟁 중인 아시아와 유럽 전방 사이의 병참 기지였다.

석유와 관련된 협정이 가장 빨리 성사되었다. 사우디가 받는 유전 채굴료는 배럴당 18센트에서 21센트로 인상되었다.

석유 수송을 위해 사우디 영토를 가로질러 지중해 동부 항구까지 파이프라인도 연결하기로 했다.

회담을 마친 두 정상 모두 결과에 만족한다고 밝혔다.

사우디 왕국의 전략적 안보를 담보로 미국의 에너지 공급망이 확보된 것이다.

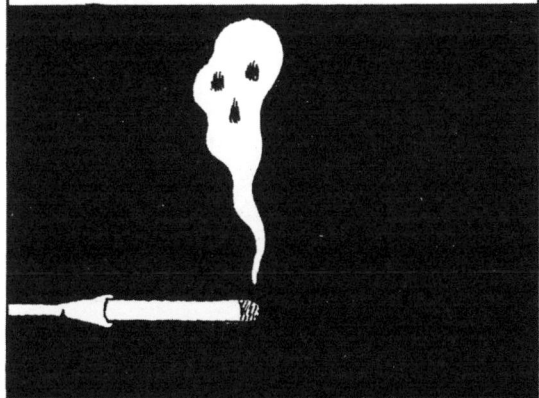

* 제2차 세계대전 당시 미국과 영국, 소련 등의 연합국과 싸웠던 나라가 형성한 국제동맹으로, 독일과 이탈리아, 일본 등 세 나라가 중심이 되었다.

4 | 쿠데타가 남긴 것들

1901년 오스트리아의 사업가 윌리엄 녹스 다시는 페르시아에서 원유 탐사를 시작했다.

그리고 영국의 지원을 받아 앵글로 페르시아 석유회사 APOC*를 설립했다.

1914년 윈스턴 처칠은 영국 정부를 위해 APOC 지분 중 51퍼센트를 획득했다.

제1차 세계대전을 거치면서 영국 해군은 석탄이 아닌 석유를 사용하게 되었다.

* 세계적인 석유회사 영국 국영 석유회사(The British Petroleum Company PLC, BP)의 모태로, 1909년에 설립되어 이란에서 처음으로 원유를 상업 생산했다.

전쟁 중 각국은 페르시아에서 자국의 이익을 보호하고자 노력했고 러시아군은 북부 지역을, 영국군은 석유가 풍부한 남부 지역을 점령했다.

이들은 현지 게릴라군을 계속 상대해야 했다.

페르시아는 유전 채굴료 16퍼센트를 받았고 1925년 샤*로 즉위한 레자 샤 팔레비는 열강들과 협약을 비준했다.

1932년에 이르러 샤는 이 협약이 불공정하다고 판단하고 국제연맹의 주도로 재협상할 것을 요청했다. 결국 페르시아는 연간 최소 100만 파운드에 달하는 수입을 올리게 되었다.

채굴권 계약 만기일은 1961년에서 1993년으로 연장되었고 APOC이라는 회사명은 앵글로 이란 석유회사AIOC로 변경되었다.

* 이란의 전신인 페르시아와 과거 이란에서 왕을 부르던 호칭이다.

샤는 독일 나치 정권과 가깝게 지내려 했다. 이 때문에 이란은 1941년 독일과 대립 관계에 있던 소련와 영국에 각각 북부와 남부 지역을 점령당했다.

결국 샤는 사임하고 아들 모하마드 레자가 왕위를 계승했다. 새로운 왕은 전쟁이 종식된 후에도 6개월가량 연합군의 주둔을 허용했다.

1943년 이란은 독일에 전쟁을 선포하고 연합군의 후방기지 역할을 했다.

이란 국민의 불만과 저항은 점점 커졌고 폭동이 일어났다.

1945년부터 미국인은 항만과 철도 건설에 착수하며 이란에서 소련의 영향력을 억제하려 했다.

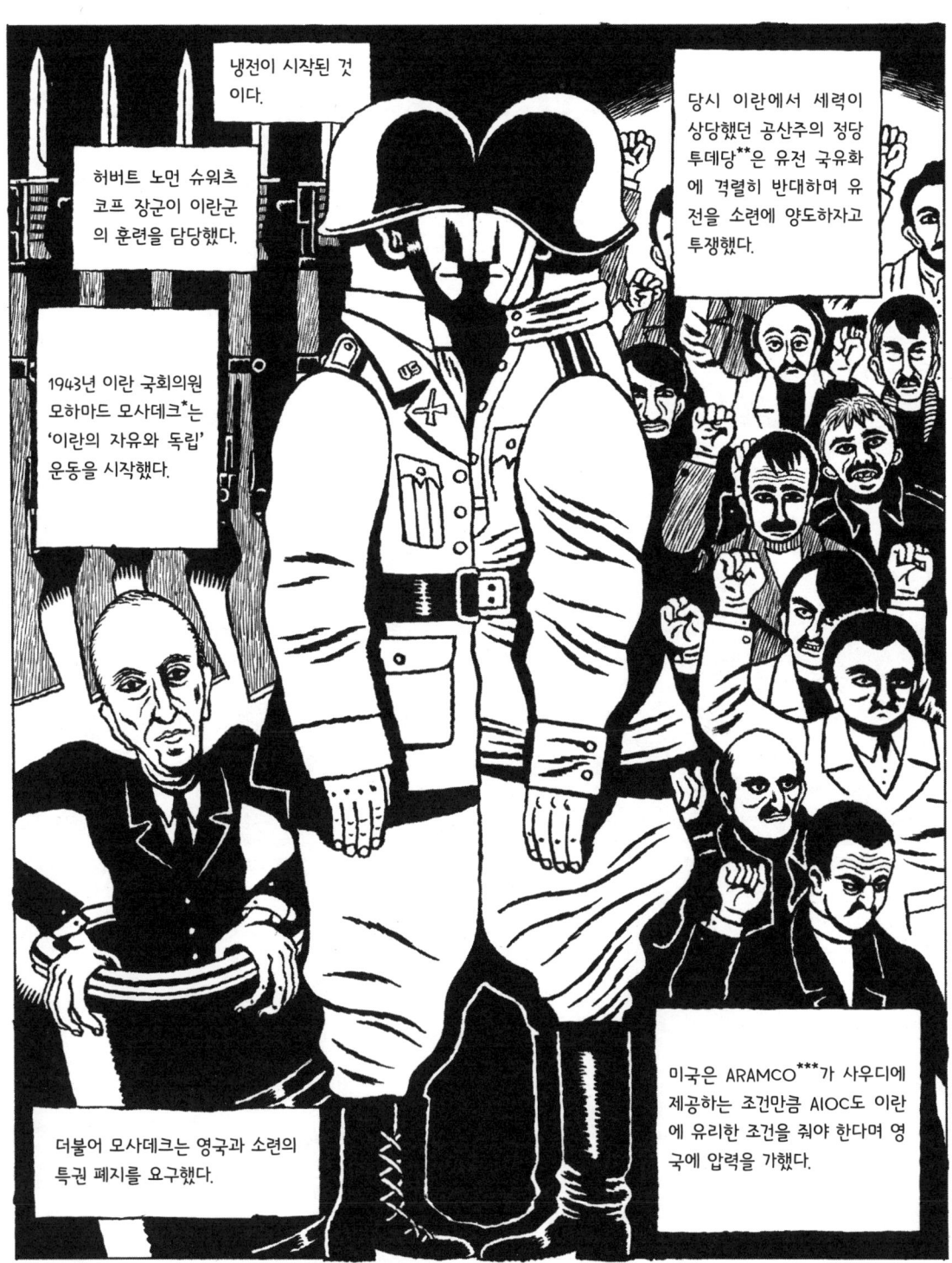

* 이란의 총리(1951~1953)로 당시 수익 대부분이 영국으로 흘러가는 AIOC의 국유화를 단행하고 근대화를 추진하면서 국왕의 전제적 권한을 제한하려 했다.
** 1941년 솔레이만 모센 에스칸다리를 초대 당수로 창당된 이란의 공산주의 정당이다.
*** 사우디의 국영 석유회사인 아라비안 아메리칸 석유회사(Arabian American Oil Company)로 1980년 국유화되었다.

프랑스에서 공부한 모사데크는 귀국한 후 여러 직책을 맡았었다.

주지사와 장관직을 맡을 때는 영국과 소련이 이란 경제를 좌지우지하는 것에 반대했다.

1925년 새로운 샤를 선출하는 자리에서는 이란 국회의원 150명 중 5명만 레자 샤 임명에 반대표를 던졌는데 모사데크가 그중 한 명이었다.

당시 그는 체포되어 가택연금에 처해졌다가 1941년 연합국이 정권을 전복하면서 자유를 되찾았다.

영미권 외교관들은 모사데크가 민족주의를 너무 과하게 내세우는 것 아니냐며 부정적이었다.

미국 정부도 점차 영국의 '매파들' 의견에 동조하게 되었다.

1951년 미국 석유 회사들은 AIOC가 주도한 이란 석유 불매 운동에 동참했다. 그런데도 모사데크는 자신의 정책을 바꾸지 않았다.

이런 대치 상황을 미 국무장관은 '참호전'이라 불렀다.

이란은 수입의 40퍼센트를 잃었고 상황은 악화되었다.

하지만 1952년 3일간의 격렬한 시위 끝에 모사데크가 다시 총리로 선출되었다.

헤이그 국제사법재판소는 이란의 주장에 손을 들어줬다.

처칠 영국 총리가 이 문제를 해결할 방법은 이란 정부를 전복시키는 것뿐이었다. 그는 곧 작업에 착수했다.

영국 비밀요원들이 파즈롤라 자헤디 장군을 포섭했다.

이 부패한 야심가는 제2차 세계대전 중 친나치 활동을 벌인 전력이 있었다.

하지만 모사데크는 자헤디 장군과 영국 비밀요원들의 동태를 전부 파악하고 있었다.

1952년 10월 이란은 영국과 외교관계를 단절함으로써 배신자들의 활동을 저지했다.

더는 외교적 보호를 받을 수 없게 된 영국 비밀요원들은 이란을 떠날 수밖에 없었다.

공범자들은 이란에 홀로 남겨졌다.

1953년 1월 아이젠하워가 미국 대통령으로 취임한 후 미국과 영국은 모사데크를 총리직에서 끌어내리기로 했다.

1953년 2월 28일 첫 번째 시도가 감행되었다.

폭도들이 쳐들어오고 있습니다!

샤의 추종자들과 아야톨라* 카샤니의 충복들, '뇌 없는 자'라 불리는 깡패 두목 샤 반의 하수인들이 문을 부수고 들어왔다.

총리는 뒷마당을 통해 겨우 탈출했다.

* 시아파 성직자를 높여 부르는 말로 이슬람교와 관련된 모든 정사에 자문을 하는 존재다. 이란혁명 이후에는 정치적 지도자 역할도 하게 된다.

모사데크는 국회로 피신했고 샤와 자헤디 장군, 미국 대사관이 공모하고 있다는 사실을 폭로했다.

4월 경찰청장 마무드 아프샤르투스가 납치되어 살해당했다. 국민적 인기를 얻고 있던 이 경찰 간부는 쿠데타에 반대해 온 인물이다.

이외에도 장군과 장관, 고위 당국자가 폭동의 목표가 되었다. 하지만 살인을 서슴지 않는 이 폭력배들도 호위를 뚫고 이들을 공격하기는 쉽지 않았다.

어쨌든 목적은 나라를 혼란에 빠뜨리는 것이었다.

* 시어도어 루스벨트 미국 대통령의 손자로, CIA 소속으로 모사데크 정권을 몰아내는 작전을 맡아 지휘했으며 후에 국가 보국훈장까지 받았다.

* 이슬람교에서 법과 교리에 정통한 사람을 이르는 말이다.

* 이란 북부 마잔다란 서쪽의 휴양지로 카스피해 연안에 위치해 있다.

* 트로이 전쟁 때의 영웅 이름에서 딴 이름으로 영문 표기는 아이아스지만 이 책에서는 아작스로 표기했다.

스탈린이 사망한 지 얼마 지나지 않은 소련에서는 후계 작업이 한창이었다.

그래서 이란의 공산당은 소련에게 어떤 지령도 받지 못했다.

시위대는 샤를 비난하는 구호를 외치며 폭력을 행사했다.

그 결과 상당수의 경찰과 군인도 반정부 편에 가담하게 되었다.

모사데크는 자신의 명예를 훼손하는 신문을 폐간하지 않았던 것처럼

이번에도 억지로 사태에 개입하지 않았다.

커밋 루스벨트로서는 반가운 일이었다.

커밋 루스벨트는 샤를 지지하는 시위를 조직했다.

철저하게 평화로운 시위였다.

군대와 경찰이 에워싸고 있으니 시위는 평화적일 수밖에 없었다.

깡패조직과 연관된 레슬링 선수 모임 '팔라반'의 회원들이 주로 참가했다.

도시 외곽의 유목민 부족도 도심으로 이동했다.

족장들도 CIA에 매수된 것이다.

2부

1953~1984년, 미국이 만든 중동

5 | 6일 전쟁

* 이집트의 제2대 대통령(1956~1970)으로 1952년 쿠데타를 일으켜 군주제를 폐하고 나세르주의라는 아랍 민족주의를 내세워 서구에 대항했다. 그가 1956년 영국과 프랑스가 운영을 주도하던 수에즈 운하를 국영화하겠다고 선언해 수에즈 전쟁이 일어났고, 1967년에는 시나이반도에서 유엔군을 몰아내고 티란 해협을 지나는 이스라엘 선박을 막아 6일 전쟁이 일어나기도 했다.

연설 직후 사우드 왕은 워싱턴을 공식 방문해 열렬한 환영을 받았다.

미국은 메카와 메디나*에 고속도로를 건설하는 것을 지원했다.

순례자가 편하게 하지**를 할 수 있게 돼 와하비 왕조의 종교적 명성이 높아졌다.

* 메카는 이슬람교의 창시자인 무함마드가 태어난 곳으로 이슬람교 최고의 성지다. 사우디 서남부에 있다. 메디나도 메카에 버금가는 이슬람교의 성지이며 사우디 서부에 있다.
** 이슬람교의 메카 순례를 말한다.

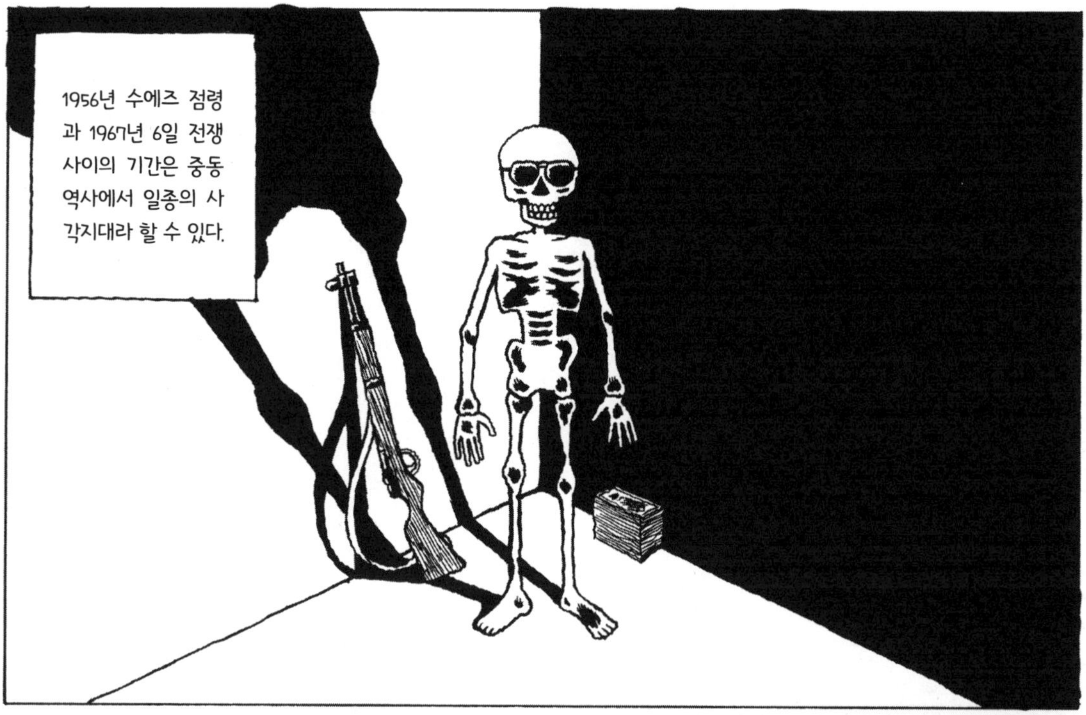

1956년 수에즈 점령과 1967년 6일 전쟁 사이의 기간은 중동 역사에서 일종의 사각지대라 할 수 있다.

요르단의 국왕 후세인도 나세르에 반대하는 입장을 취했다.

1957년 4월 그는 민족주의 정부를 해체했다.

미국은 지중해에 함대를 보내 요르단 국왕을 지원했다.

미국의 지원에 힘입어 국왕은 계엄령을 선포하고 정당을 해산하고 친나세르 세력을 몰아냈다.

시리아에서는 커밋 루스벨트가 민족주의 정권을 전복하기 위해 온갖 수단을 동원했다.

하지만 그의 노력은 실패로 끝났고 많은 미국 '외교관'이 다마스쿠스*에서 추방되었다.

* 시리아의 수도다.

* 나세르가 '전 아랍 세계의 연합'을 호소하며 중동에서 아랍 민족주의의 인기가 더 거세졌다. 이에 시리아가 동조해 1958년 통일아랍공화국이 세워졌으나 통합에 대한 견해 차이, 기존 시리아 지도자들의 반발, 급진적인 토지개혁 등으로 갈등이 심했다.

이 메시지는 카이로에 매우 크고 분명하게 전달되었다. 나세르는 서둘러 미국을 포섭하기 시작했다.

그리고 공산주의자를 잔인하게 억압했다.

하지만 이라크에서는 카셈 장군이 공산당 민병대를 이용해 모술*에서 일어난 친나세르 봉기를 진압했다.

1961년 1월 케네디 대통령의 취임식이 있었다. 알제리 독립 지지 덕분에 케네디는 이집트와 아랍 세계에서 인기가 많았다.

* 이라크 북부에 있는 도시로 이라크에서 바그다드 다음으로 큰 도시다.

시리아는 통일된 아랍 민족국가라기보다 이집트가 주도하는 국가에 더 가까웠던 통일 아랍공화국에서 탈퇴했으며

미국의 원조를 받기 위해 팔레스타인을 희생양으로 삼았다며 이집트를 비난했다.

1962년 9월 예멘 북부를 통치하는 이맘 아마드가 사망했다. 친나세르 성향의 세력이 권력을 장악할 기회였다.

이집트 국회의장이자 나세르의 절친한 친구인 안와르 사다트*는 이집트가 즉각 개입해야 한다고 촉구했다.

다음 달 이집트군이 예멘에 도착했다.

하지만 예멘 왕가가 항복을 거부해 저항에 부딪혔다.

* 1952년 나세르와 함께 쿠데타를 일으켜 정권을 장악하고 나세르 사후에는 그 뒤를 이어 이집트의 제3대 대통령(1970~1981)이 된 정치가다.

나세르는 예멘에 병사를 더 보낼 수밖에 없었다. 1967년 6월까지 이집트군의 30퍼센트가 예멘에 파병되었다.

예멘은 점차 '이집트의 베트남 전쟁'으로 불렸다.

이집트의 존재를 위협으로 여기는 사우디가 저항군을 열정적으로 지지했다.

미국 석유회사와 워싱턴에 있는 유대인은 나세르의 정책에 강력히 반대했으며 커밋 루스벨트가 지치지도 않고 또 대변인 역할을 했다.

* 아랍 민족주의에서 파생된 여러 이념 중 하나로 아랍어로 부흥 또는 재건을 뜻한다. 일당제 국가 설립을 지지하며 사회주의가 아랍 사회를 발전시키는 유일한 방법이라고 믿는다.

아랍 세계의 냉전에서 나세르가 승리한 것처럼 보였다.

나세르는 워싱턴으로서는 반드시 제거해야 하는 '냉전의 전사'가 되었다.

하지만 이 승리는 6일 동안만 지속된다.

1956년 아이젠하워는 시나이반도와 가자지구에서 철수하라며 이스라엘을 압박했다.

그러자 이스라엘은 조건 없이 자신을 지지해준 또 다른 동맹국 프랑스로 향했다. 핵무기를 얻기 위해서였다.*

1961년 프랑스 이스라엘 협정을 우려한 케네디 행정부가 뒤늦게 해외 기술 이전에 대한 감독권을 확보했지만 이미 기술 대부분은 이스라엘로 넘어간 후였다.

* 1956년 10월 프랑스와 이스라엘이 파리 근교에서 비밀리에 만나 나세르 정권에 대해 영국, 프랑스, 이스라엘이 공동작전을 펼치고 프랑스는 이스라엘 디오나에 원자로와 재처리 시설을 지어주기로 합의했다.

케네디와 린든 존슨 대통령은 보좌관이었던 마이어 펠드먼 덕분에 이스라엘과 공식적으로 접촉을 유지해나갈 수 있었다.

1963년 6월 이스라엘 총리가 된 레비 에쉬콜은 이집트의 탄도미사일 프로그램을 경고하는 메시지를 미국에 보냈다.

하지만 미 국방부는 이 위협에 회의적이었다.

이츠하크 라빈*을 단장으로 한 이스라엘 대표단이 워싱턴을 방문했다.

중동 문제와 관련해 미국은 공식적으로나마 중립으로 보이길 원했고 회담은 비밀리에 개최되었다.

* 이스라엘의 군인이자 정치가로 두 차례 총리(1974~1977, 1992~1995)를 지냈다. 오슬로 협정을 성사시킨 공로로 1994년 노벨평화상을 공동 수상했다.

이 회담에서 존슨 대통령은 이스라엘의 안보를 보장했고 무기를 실은 배가 1965년 처음으로 이스라엘을 향했다.

1967년 미 국방부는 이스라엘이 확실하게 다른 아랍 국가보다 전략적으로 우월하다는 결론을 내렸다.

국무부가 이스라엘에게 주는 군사원조를 줄여야 한다고 권고할 정도였다.

이집트에 주둔하고 있던 소련 전문가들은 나세르에게 이집트가 이스라엘의 군사력을 이길 방법이 없다고 설득했지만 그는 듣지 않았다.

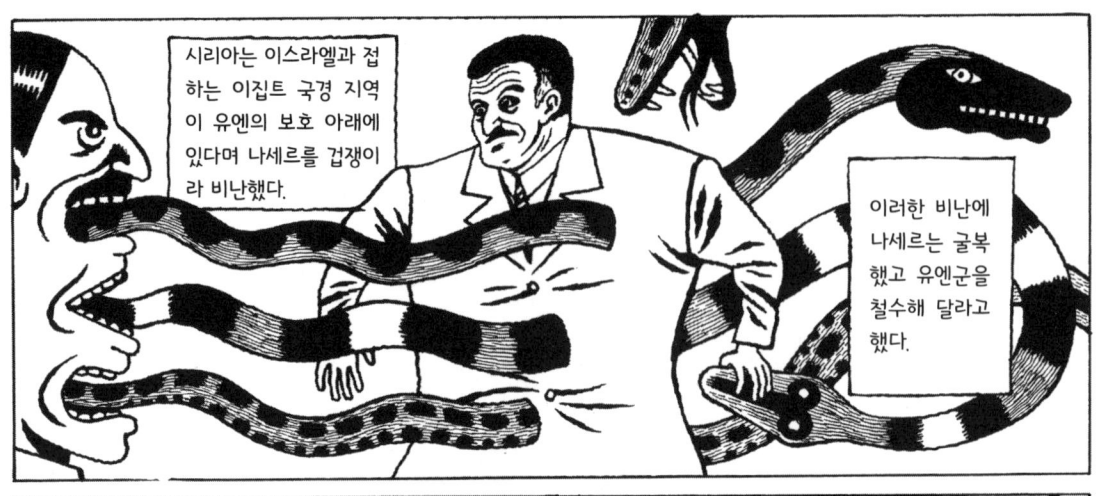

그는 이스라엘인이 19세기 멕시코에 맞서 싸운 텍사스 주민처럼 '최전선에 선 전사'라 생각했다.

본인이 1945년 나치 수용소에서 생존자 수십 명을 구한 '텍사스' 작전도 이야기하곤 했다.

하지만 사실 그는 그런 작전을 펼친 적이 없다. 수용소 생존자 2명이 미국에 입국할 수 있도록 개입했을 뿐이다.

그는 또한 투철한 반공주의자였다.

카이로에 베트콩 사무국이 설치되자 엄청나게 격분했다.

임무를 마치고 돌아오던 이스라엘 전투기들은 요르단과 시리아, 이라크 공군을 공격했다.

이제 아랍군은 모든 공군력을 잃게 되었다.

이스라엘의 지상 공격이 계속되면서 이집트군은 6월 5일 저녁 시나이반도까지 밀려났다.

6월 6일 아침 두 강대국은 이스라엘이 이미 승리를 거뒀다고 확신했다.

소련은 미국에게 이스라엘을 막아달라고 요청했다.

미국은 유엔 안보리가 이 위기를 해결할 수 있을 거라며 거부했다.

이로써 이스라엘은 이집트를 추가 공격할 시간을 얻게 되었다.

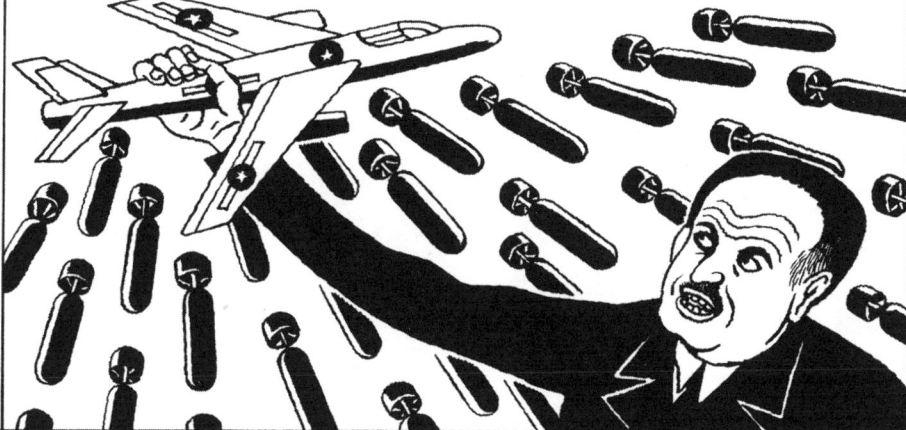

나세르는 미국 때문에 이집트가 공중전에서 졌으며 결국 전쟁에서 패배하게 되었다고 미국을 비난했다.

* 소이탄이라고도 하는 네이팜 연료의 폭탄이다. 살상력이 매우 크며 현재는 비인도적이란 이유로 사용이 금지되었다.

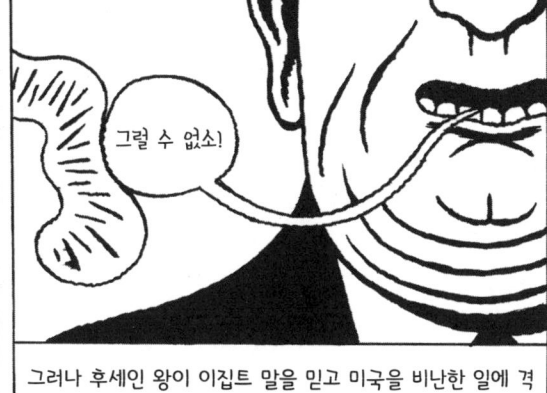

* 이스라엘의 비밀정보기관이다.
** 예멘의 수도다.
*** 수단의 수도로 카르툼이라고 많이 부른다.

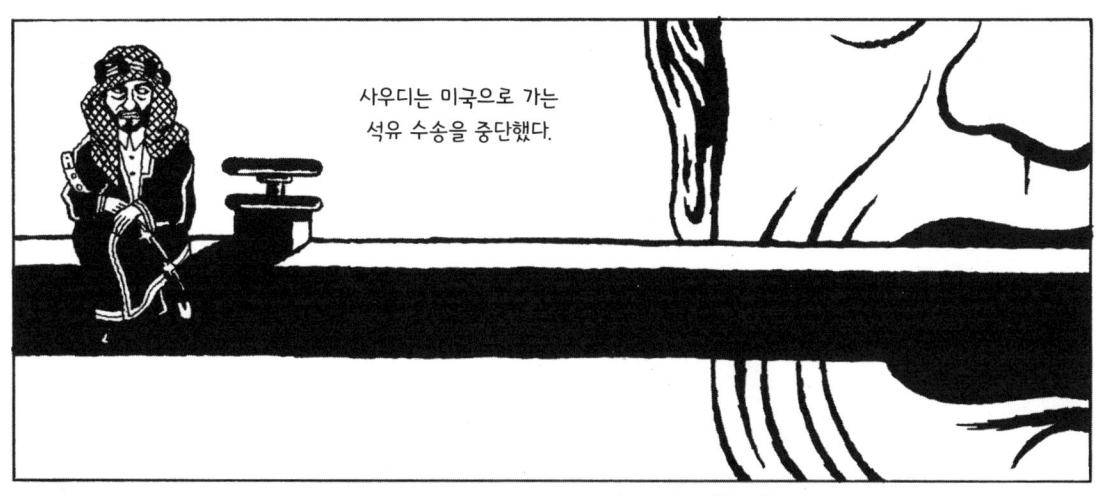

이스라엘군IDF이 예루살렘 통곡의 벽에 도착했다.

도시를 잃고 군대가 와해되자 요르단은 강 너머로 후퇴했다.

6월 8일 이스라엘군이 수에즈 운하에 도착했다.

나세르는 그 간청을 받아들였다. 하지만 다른 이들의 사임은 그대로 유지했다.

어떤 책임도 지지 않은 채 이스라엘이 시리아와 이야기를 나누기로 했다.

며칠 동안 골란고원*에 엄청난 폭격이 가해졌다.

참호에 자리 잡은 시리아는 악착같이 반격하며 이스라엘의 진격을 막았다.

하지만 IDF 몇 부대는 끝내 고원으로 진격하는 데 성공했다.

* 시리아 남서부에 있는 고원으로 동쪽으로 시리아, 서쪽으로 이스라엘, 남쪽으로 요르단, 북쪽으로 레바논과 맞닿아 있다.

6 | 두 전쟁 사이에서

* 이스라엘의 군인이자 정치가로, 전역 후 레비 에쉬콜 총리 사후에 총리 대행을 맡았다.
** 이스라엘의 전쟁 영웅으로 불리는 인물로 검은 안대가 특징이다. 베긴 내각의 외무장관을 지내면서 캠프 데이비드 협정을 성사시켰다.
*** 제6대 이스라엘 총리(1977~1983)로 캠프 데이비드 협정으로 1978년 노벨평화상을 수상했으며, 1981년 총리에 재임되었으나 1983년 사임했다.

하지만 이스라엘은 상황이 자신에게 매우 유리하게 돌아간다고 봤다.

1967년 11월 미국은 유엔 안보리 결의안 242에 찬성표를 던졌다. 프랑스어로 작성된 이 결의안은 이스라엘군이 '최근' 점령한 영토에서 철수할 것을 요구했다.

하지만 영문본에서는 조건부 철수라는 이스라엘의 해석이 받아들여져 '점령 지역에서 이스라엘군이 철수한다'는 명확한 기술이 생략되었다.

프랑스어와 영어는 모두 유엔의 공식 언어로 법적 효력이 같았다.

1969년 3월부터 1970년 8월까지 수에즈 운하를 따라 '소모전'이 펼쳐졌다.

새로 선출된 닉슨 대통령의 국무장관 윌리엄 로저스가 평화적인 해결법을 모색했지만

국방부와 헨리 키신저 국가안보 보좌관은 이집트에 폭탄을 떨어뜨려 나세르가 항복하게 해야 한다고 주장했다.

키신저는 이집트가 소련과 관계를 깰 때까지 이스라엘에게 아무것도 얻지 못하도록 막아야 한다고 믿었다.

아랍 지도자들은 결국 우리에게 올 것이다.

* 팔레스타인 해방을 주장하며 테러, 납치, 암살 등을 저지르는 과격 테러단체로, 검은 9월은 아랍계 게릴라가 요르단 정부군의 토벌작전으로 큰 타격을 받은 1970년 9월을 의미한다.

시리아가 팔레스타인을 돕기 위해 탱크를 보냈지만 요르단 공군에 의해 격파되었다.

병약해진 나세르는 요르단과 팔레스타인 간 휴전을 위해 마지막 힘을 쏟아부었다.

그리고 휴전이 발표된 직후 사망했다.

미국은 이스라엘과 요르단 곁에서 승리를 자축했다.

이집트에서는 나세르의 뒤를 이어 안와르 사다트가 대통령이 되었고 시리아에서는 하페즈 알 아사드가 권력을 잡았다.

1971년 이란의 샤는 페르세폴리스*에서 이란 왕정 2,500주년을 축하하고 있었다. 그는 분쟁 기간 동안 공개적으로 이스라엘을 지지했다.

1972년 재선된 닉슨 대통령 역시 이스라엘 편이었다. 이스라엘의 국민 영웅 다얀과 그의 군대는 자신들의 힘을 과신했다.

하지만 사다트는 비밀리에 시리아와의 공동 공격을 계획하고 있었다.

* 이란의 고대 왕조 아케메네스의 수도로 이란 남서부 팔스 지방에 유적이 있다.

1973년 10월 6일 유대교의 성스러운 욤 키푸르* 와 이슬람교의 신성한 라마단** 기간에 이집트와 시리아 군대가 이스라엘 분계선을 침공했다.

시나이반도와 골란고원에서 반격은 성공했지만 이스라엘이 받은 피해는 엄청났다.

* 유대인의 가장 큰 명절로 모든 유대인이 금식하며 하루를 보낸다. 1973년 이 기간에 발생한 제4차 중동 전쟁을 부르는 말이기도 하다.
** 이슬람력에서 아홉 번째 달로 이 기간에는 일출에서 일몰까지 금식하고 매일 다섯 번 기도를 드린다.

수에즈 운하를 건넌 사다트는 그의 이집트 제3군이 계속 공격을 이어나가기를 희망했다.

10월 12일 닉슨은 휴전을 제안했다. 이집트가 거절하자 이를 핑계로 공중가교를 이어 이스라엘을 도왔다.

소련 역시 아랍군에 무기와 탄약을 공급했다.

10월 16일 이스라엘군은 수에즈 운하 서안지구에 교두보를 세웠다. 그리고 시리아 전선으로는 다마스쿠스에 접근했다.

더는 참을 수 없었던 파이살 왕은 석유를 무기로 삼았다.

그는 미국을 상대로 한 모든 석유 수출을 금지했다. 다른 석유 생산국도 곧 뒤따랐다.

파이살 왕은 1967년 국경선을 기준으로 모든 이스라엘군이 철수하는 것을 명시하는 협정을 요구했다.

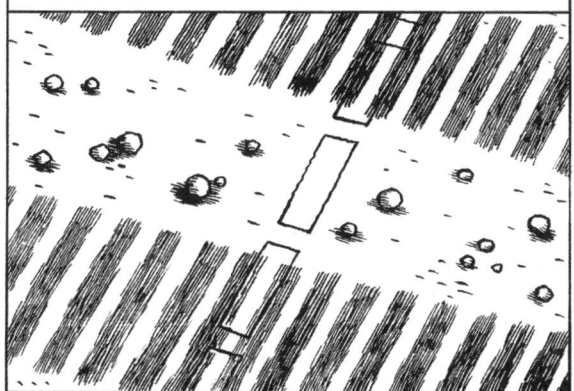

미국은 전체 석유 소비량의 4퍼센트만 사우디에 의존했지만 1974년에 이르러서는 비용이 40억 달러에서 240억 달러로 증가했다.*

* 제4차 중동 전쟁이 촉발하자 사우디 등 아랍 산유국들은 미국에 석유 금수를 선언했다. 이에 석유값이 3달러에서 12달러로 급등하며 오일쇼크가 일어났다.

이란은 샤의 통치하에 유가 상승으로 이익을 얻었기 때문에 금수조치에 동참하지 않았다.

10월 22일 유엔 안보리가 즉각적인 휴전을 촉구했지만 이스라엘은 거부했다.

이스라엘군은 시나이반도를 포위하고 있는 이집트 제3군을 격파하고 싶어 했다.

소련군은 경계 태세를 갖췄다. 핵전쟁에 대한 이야기도 나왔다. 결국 이스라엘은 미국의 압력에 굴복했다.

협상이 이뤄지는 동안 그는 시나이반도와 골란고원을 두 지역으로 구분해 이스라엘 철수를 논의했다.

그러면서 1973년의 이집트 시리아 전선을 무너뜨렸다.

미국 워싱턴과 사우디 리야드의 외교관계도 복구했다.

외교전으로 소련을 중동에서 배제함으로써 키신저는 베트남 전쟁의 패배를 만회할 수 있었다.

이스라엘인에게는 제한적 양보이며 그들이 실제 잃는 것은 없다고 주장했다.

아랍인에게는 이번 협상이 아랍과 이스라엘 간 모든 갈등을 잠재울 첫걸음이 될 것이라 주장했다.

그리하여 평화는 점점 멀어지게 된다.

7 | 1979년

중동 문제와 관련해 1979년은 미국에게 의미 깊은 해다.

베트남 증후군에 시달린 미국은 조지아 출신 민주당 후보 지미 카터를 1976년 대통령으로 선출했다.

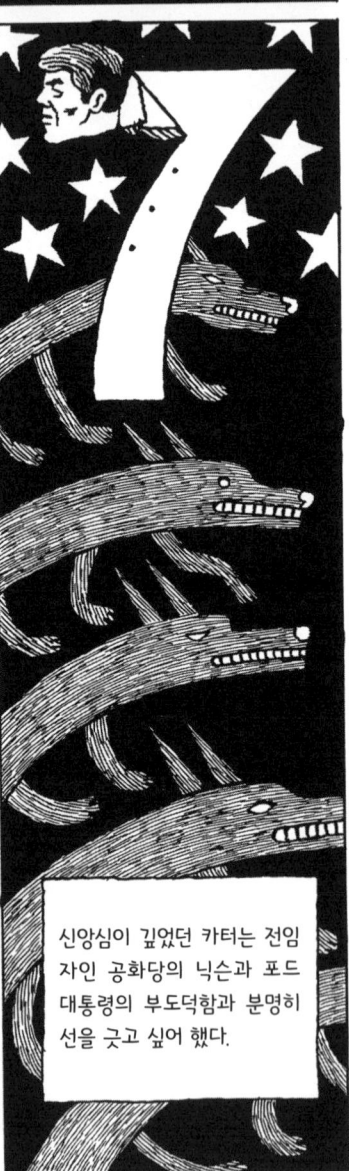

신앙심이 깊었던 카터는 전임자인 공화당의 닉슨과 포드 대통령의 부도덕함과 분명히 선을 긋고 싶어 했다.

* 1977년 이스라엘 총리로 선출된 메나헴 베긴은 여러 군소 우익 정당과 자유주의 정당을 흡수해 현재의 리쿠르당을 창당했다. 유대인의 발전과 정통 유대교의 발전을 지표로 삼고 있는 리쿠르당은 유대인과 아랍인을 엄격히 분리하며 매우 강경한 팔레스타인 정책을 고수한다.

1978년 카터는 베긴과 사다트를 캠프 데이비드에 초대했다. 비밀협상을 위해서였다.

그리고 자신이 직접 중재에 나섰다.

엄청난 노력 끝에 둘은 평화협정에 서명할 수 있었다. 그리고 이 협상으로 베긴과 사다트는 노벨평화상을 수상했다.

하지만 1979년의 악몽은 시작에 불과할 뿐이었다.

이란혁명

1953년 이란의 종교 지도자인 아야톨라들은 모사데크의 '공산주의 위협'에 맞서 싸우며 샤를 내세운 친미 쿠데타를 지지했다.

반면 루홀라 호메이니*는 반대로 샤의 정치와 정권 유지가 미국의 도움을 기반으로 한 것이라 비난하며 다른 아야톨라들과 자신을 차별화했다.

1965년 이라크로 거점을 옮긴 호메이니는 민족주의와 종교적 보수주의가 혼합된 교리를 설파했는데 이는 향후 샤의 독재정권에 맞선 반정부 이란혁명의 시발점이 되었다.

1978년 거리의 시위는 격렬해졌다.

* 이란 시아파 지도자로 국왕 팔레비의 백색혁명에 반대했다가 쫓겨난 뒤 터키로 망명해 이란혁명을 주도했다. 귀환 후 이란이슬람공화국을 세우고 이맘의 칭호를 받았으며 최고 지도자로 이란을 통치했다.

'순교자'가 계속해서 생겨났다.

시위는 더욱 격렬해졌다.

이라크에서도 시아파에 대해 걱정이 많았다.

사담 후세인 역시 호메이니를 제거하려고 했다.

* 프랑스의 대통령(1974~1981)으로 중도 정치를 표방했다.

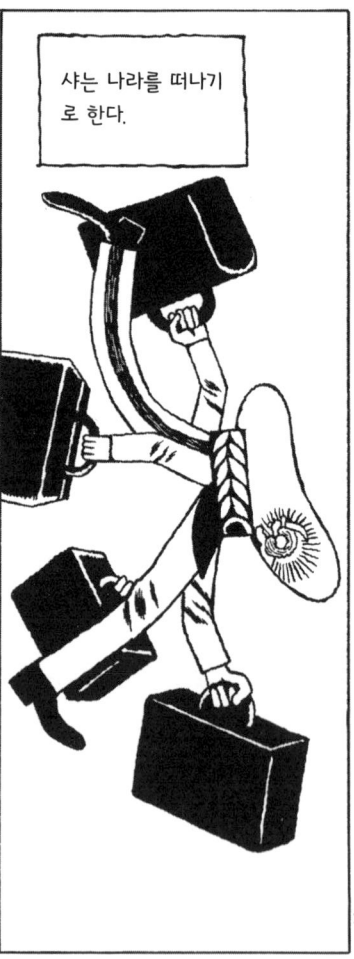

* 빈곤한 사람들 또는 억압받는 사람들이라는 뜻의 페르시아어로 이란혁명을 주도한 빈곤계층을 부르는 말이다.

1979년 2월 1일 호메이니는 군중 수백만 명의 환영을 받으며 테헤란으로 돌아왔다.

그리고 2월 11일 '걸프 만의 경찰'인 이란에서 역사상 최초의 이슬람혁명을 주도했다.

이스라엘 대사관이 점령되어 팔레스타인 대사관이 되었다.

야세르 아라파트*를 대리하는 테헤란의 팔레스타인 대표에게 넘겨졌다.

이슬람 세계에서는 한때 독실한 마르크스주의자였던 반제국주의 무장 세력이 가장 과격한 이슬람 신자가 되었다.

이스라엘과 아랍의 평화

동맹국이었던 나라들에게 버림받은 샤는 이집트로 망명했다.

사다트가 그를 환대해줬다. 이는 후에 사다트가 시온주의자와 협상한 반역자라 비난받을 때 사태를 악화하는 계기가 되었다.

* PLO의 집행위원장이자 팔레스타인자치정부(PA)의 대통령으로, 1994년 노벨평화상을 수상했다.

호메이니 입장에서는 미국이라는 '거대한 사탄'이 향후 이슬람이 필연적으로 승리하면서 사라질 운명인 '작은 사탄' 이스라엘을 먹여주고 보호하는 것으로 보였다.

하지만 사다트 입장에서는 베긴이 어떤 형태로든 팔레스타인인의 권리를 인정하기 거부했을 때 이미 상황은 악화되었다.

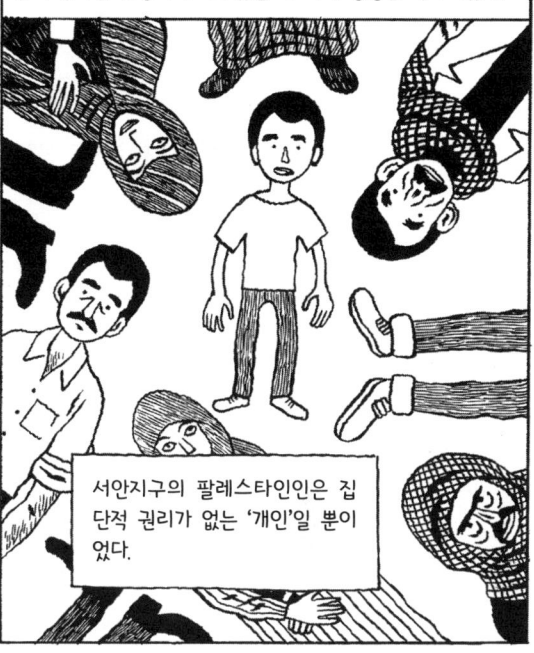

서안지구의 팔레스타인인은 집단적 권리가 없는 '개인'일 뿐이었다.

사태는 전혀 진정되지 않고 '유대와 사마리아' 지역의 식민지화가 계속되었다.

카터는 캠프 데이비드에서 두 개의 합의문을 이끌어냈다. 첫 번째는 요르단강 서안지구와 가자지구 점령 종식 합의였다.

두 번째는 이스라엘과 이집트의 평화조약이었다.

하지만 베긴의 치밀한 방해공작으로 첫 번째 합의는 그대로 묻히고 말았다. 이스라엘과 이집트의 평화 조약만 남았다.

세 가지 의미에서 이스라엘의 승리였다.

이집트와 외교관계를 수립하고 공식적으로 인정받았다는 상징적 의미,

이스라엘의 최대 난적을 무력화했다는 전략적 의미,

그리고 아랍 세계가 분열되었다는 정치적 의미였다.

* 원문은 Black November다. 이 책에서는 1979년 11월 4일 호메이니의 추종자들이 미국 대사관을 습격하고 인질 66명을 감금한 사건을 검은 9월에 빗대어 검은 11월이라 부른다.
** 이란혁명 이후 권력의 중심이었던 이슬람혁명재판소의 의장으로 공개 처형의 선봉장이었다.

1979년 11월 4일 친호메이니 성향의 '이맘을 추종하는 학생들'이 '스파이의 둥지' 미국 대사관을 공격했다.

학생들은 미국인 인질 66명을 끌고 가두행진을 했다.

명백한 위기 상황이 계속되면서 호메이니의 추종자들은 모든 국내 반체제 움직임을 진압했다. 과하게 진보적이라 평가받던 메흐디 바르자간 총리는 사임했다.

카터는 미국 내 이란의 모든 자산을 동결하고 석유 수입을 중단했다.

미국이 이란에 잡힌 인질을 구출하기 위해 군사작전을 펼쳤지만 실패했다. 이란의 사막에서 헬리콥터 두 대가 추락했다.

1980년 7월 이라크의 이란 공격은 결국에는 첫 번째 걸프 전쟁으로 발전했다.

* 이쿠완의 주요 세력인 알옥타이비 가문을 중심으로 여러 세력이 연합하여 이 사건을 일으켰다.

이러한 신성모독에 대응해 사우디 당국은 전기를 끊어 버렸고 여러 전투가 벌어진 끝에 결국 프랑스군의 도움을 받아 사원을 되찾았다.

하지만 미군이 이슬람의 가장 신성한 지역을 점령했다는 가짜뉴스가 널리 퍼졌다.

시위대 수천 명이 파키스탄의 수도 이슬라마바드에 있는 미국 대사관을 점령했고 파키스탄군이 그들을 진압했다.

터키와 방글라데시, 쿠웨이트, 리비아에서도 비슷한 공격이 일어났다.

소련의 아프가니스탄 침공

1978년 이후 아프가니스탄은 모스크바의 도움을 받은 현지 공산당에 의해 운영되고 있었다.

소련은 반공주의를 표방하는 여러 이슬람 운동에 대항해 아낌없이 군사적 지원을 보냈다.

* 아프가니스탄의 제2대 혁명평의회 의장을 지낸 인물로 소련이 일으킨 쿠데타로 살해당했다.
** 아프가니스탄의 제3대 혁명평의회 의장을 지낸 인물로 1979년 12월 소련의 쿠데타로 하피줄라 아민이 암살당하면서 온건 성향인 그가 자리에 올랐다.

하지만 '이교도'의 침략은 아프가니스탄에서 지하드라는 무장 세력의 반란을 야기했다.

미국은 소련의 무력 진압을 비난했지만, 국가안보보좌관 즈비그뉴 브레진스키는 소련이 통제할 수 없는 아프가니스탄 상황에 휘말리도록 놔둬야 한다고 주장했다.

베트남에서의 패배를 되갚아주고, 미국과 군비 경쟁을 벌이는 소련을 지치게 할 방법이라고 했다.

8 | 레바논 내전

1975년 레바논에서 태동한 내전이 결국 기독교도와 팔레스타인 난민 그리고 그 동맹국 사이까지 이어졌다.*

1976년 시리아군이 개입했지만 폭력사태를 막을 수는 없었다.

폭력은 시민을 살해하고 공동체를 학살했다.

* 1975년 기독교와 이슬람교도의 대립으로 벌어진 레바논 내전은 시리아와 이스라엘 등이 개입하면서 1990년대 초까지 계속되었다. 이 책에서는 1982년부터 1984년까지의 과정을 다룬다.

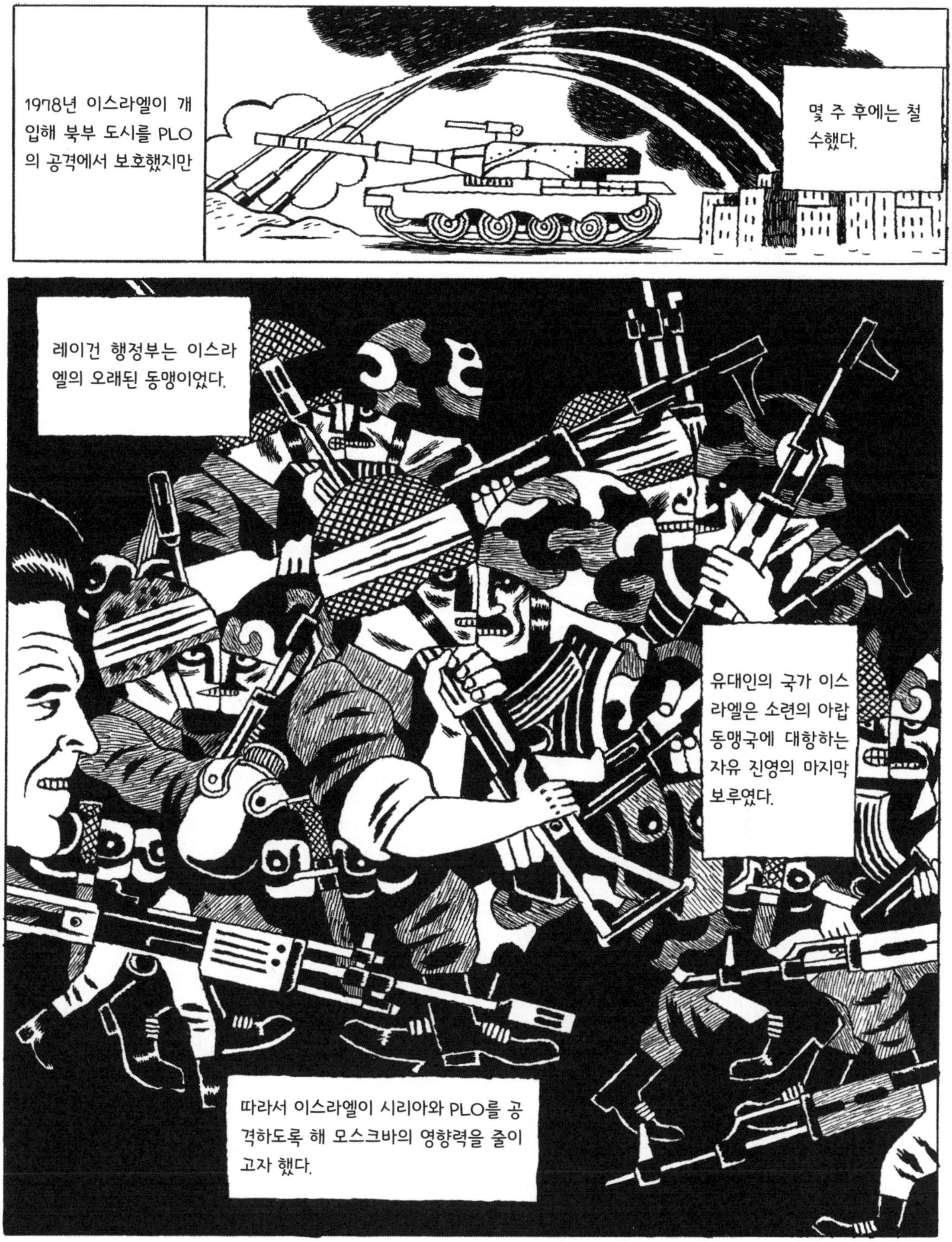

1978년 이스라엘이 개입해 북부 도시를 PLO의 공격에서 보호했지만

몇 주 후에는 철수했다.

레이건 행정부는 이스라엘의 오래된 동맹이었다.

유대인의 국가 이스라엘은 소련의 아랍 동맹국에 대항하는 자유 진영의 마지막 보루였다.

따라서 이스라엘이 시리아와 PLO를 공격하도록 해 모스크바의 영향력을 줄이고자 했다.

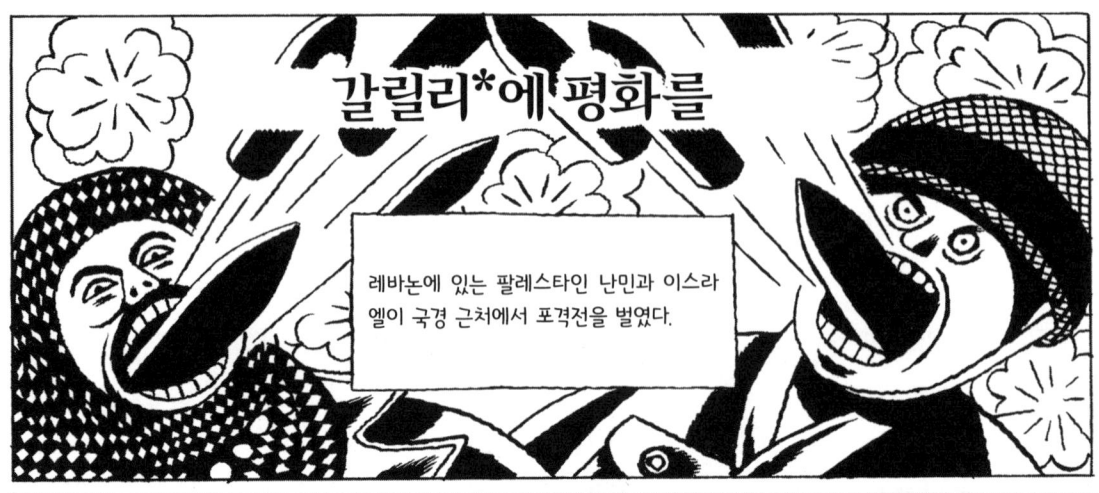

* 팔레스타인의 북부 지방으로 현재는 이스라엘의 행정구다. 그리스도가 전도하던 땅이라 중동에서는 의미가 크다.

휴전은 거의 1년간 지속되었다.

1982년 6월 3일 런던 주재 이스라엘 대사가 아부 니달*의 표적이 되었다.

아부 니달은 아라파트가 사형 판결을 내린 PLO의 반체제 지도자다.

베긴은 이 공격이 휴전협정을 위반했다고 봤다.

* 1970~1980년대에 활동한 팔레스타인 투쟁가다.

6월 4일 이스라엘 공군이 서부 베이루트에 있는 팔레스타인 거점을 폭격했다.

남부 레바논은 바다, 산, 하늘에서 폭격을 받았다.

팔레스타인 포병대가 갈릴리 지역을 공격했다.

베긴은 폭격을 통해 레이건에게 레바논 영토 개입이 정당했다는 것을 보여주려 했다.

지난 기시간 동안 PLO 테러리스트들이 갈릴리에 있는 23개 도시를 카추샤 로켓으로 공격했습니다. 오직 민간인을 겨냥해서요.

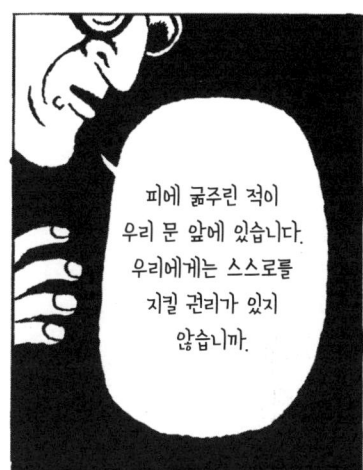
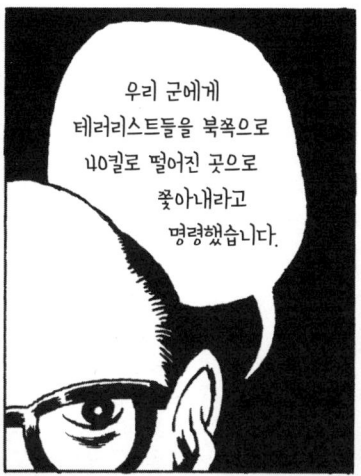
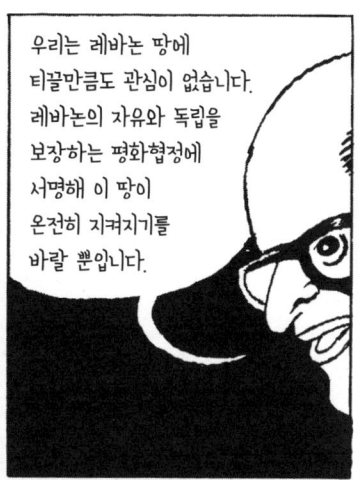

* 1964년부터 1982년까지 스탈린 이후 최장기인 18년 동안 소련을 통치한 정치인이다.

그리고 자유 진영의 또 다른 일원인 프랑스로 관심을 돌렸다.

미 국무장관 알렉산더 헤이그는 이스라엘 북부 국경의 안전을 보장하기 위해 완충지대라는 개념을 고안했다.

레바논에서 이스라엘은 시리아 공군을 격파한 후 베이루트 성문으로 진격했다.

시리아군이 분쟁에서 한발 뒤로 물러서면서 팔레스타인과 이스라엘이 서로 대치하게 되었다. 시리아군은 병사 3,500명만 베이루트 서부에 남겨뒀다.

IDF는 저항하는 PLO와 이슬람 과격단체들을 포위했다.

베이루트를 아랍의 스탈린그라드*로 만들 것이다!

팔랑헤** 민병대원들 역시 이스라엘의 군사 행위에 동참했지만 전투에 직접 참여하는 것은 거부했다.

헤이그는 프랑스 외무장관 클로드 셰송에게 사우디와 쿠웨이트, 프랑스, 미국이 참여하는 레바논 연락 조직을 구성하자고 제안했다.

* 러시아 서부 볼고그라드의 주도다. 볼가강 하류에 있는 공업도시로 제2차 세계대전 당시 독일군과 치열한 공방전을 벌여 승리한 곳이다.
** 레바논의 기독교 우익 정당이다. 팔레스타인 무장 세력에 반대해 민병대를 결성했고, 이스라엘의 지원을 받고 있다.

* 프랑스 랑드 지역의 마을이다.
** 레이건 대통령 시기 중동 특사로 활약한 미국 외교관의 이름이다. 이스라엘의 레바논 침공을 방관했던 미국은 하비브를 특사로 파견하여 8월에 이스라엘의 서베이루트 철수 합의를 이끌어냈다.

"레바논군은 팔레스타인인이 위치했던 곳에 배치될 수 있다.

이스라엘군은 베이루트에서 10킬로 떨어져 있어야 한다."

팔레스타인의 제안은 1981년 레바논 남부에서 휴전협정 협상에 참여했던 레이건의 새로운 중동 특사 필립 하비브에게도 전해졌다.

하지만 미국은 제안을 거부했다. 이스라엘과 마찬가지로 그들은 PLO가 항복하기를 원했다.

합의를 강요하기 위해 미국은 가짜뉴스를 퍼뜨렸다.

PLO가 전투원 5,000명을 철수시켰으며 해병대가 레바논에 상륙할 것이라는 소식이었다.

이스라엘군은 물과 전기를 끊고 식량 수송을 봉쇄하는 등 베이루트 서부를 더 철저하게 통제했다.

8월 4일 이스라엘인이 베이루트 공격을 감행했지만 팔레스타인인은 격렬하게 저항했다.

레이건은 분노했고 직접 베긴에게 폭격을 멈추라고 요구했다.

철수

레바논에 이어 PLO 또한 하비브 계획에 동의했다.

레바논은 미국과 이탈리아, 프랑스에게 다국적 평화유지군에 합류해 달라고 요구했다.

* 팔레스타인의 반이스라엘 무장 게릴라 조직이다.

레바논에서 친서방 대통령이 당선된 데에는 이스라엘군의 노력이 컸다.

8월 30일 아라파트는 프랑스 대사와 군부대의 호위를 받으며 베이루트를 떠났다.

제마엘의 당선과 팔레스타인의 철수는 '이슬람 강경파'의 패배를 의미했다.

군사적으로도 정치적으로도 그들의 패배였다.

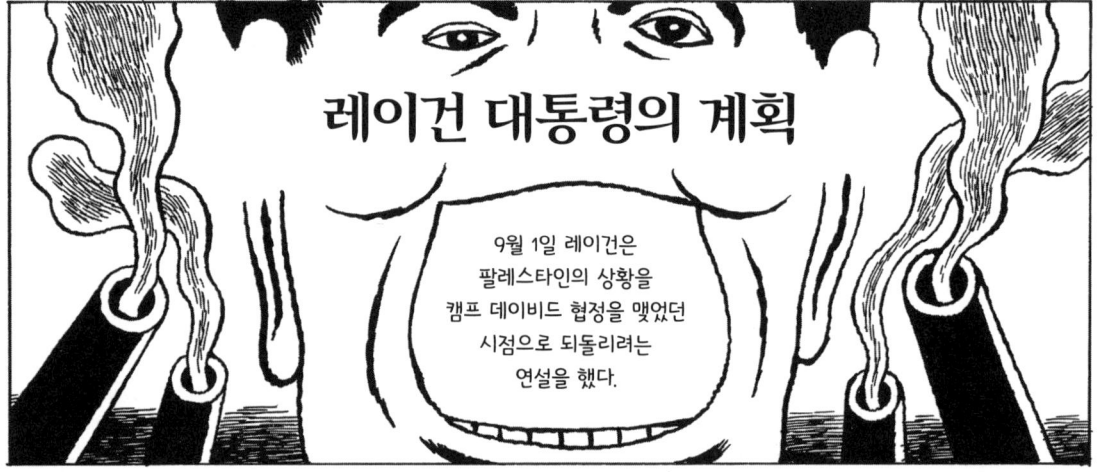

* 이스라엘의 군인이자 정치가다. 6일 전쟁 때 시나이반도 진격 작전에 참전했고 제4차 중동 전쟁에서는 전차사단장으로 시나이전선 사령관을 겸임하며 수에즈 운하 대안에 교두보를 구축했다. 국방장관에 취임했으나 1982년 베이루트의 팔레스타인 난민촌 학살사건에 책임을 지고 1983년 사임했다.

9월 3일 이스라엘군은 하비브 계획을 위반하고 사브라 샤틸라* 난민캠프를 공격했다.

이 공격은 서방 세계에서 그 어떤 반응도 끌어내지 못했다.

미국은 최대한 빨리 베이루트를 떠나고 싶어 했다.

튀니지로 망명한 아라파트는 프랑스에 레바논의 민간인을 보호해 달라고 요청했다.

이스라엘군은 난민캠프 안쪽 깊숙이 진격했다.

* 베이루트의 마을로 이곳에서 1982년 9월 16일부터 18일까지 사흘 동안 레바논의 기독교 우익 정당인 팔랑헤 민병대가 팔레스타인 난민을 학살했다.

이스라엘군은 팔레스타인의 페다이와 레바논 민병대가 베이루트 남부에 숨어 있으며 강제로 쫓아내겠다고 위협했다.

9월 10일 다국적군 중 미군이 레바논을 떠났다.

이탈리아는 11일에, 프랑스는 13일에 떠났다.

9월 14일 폭탄이 팔랑헤당이 있는 곳을 공격했다. 희생자 중에는 제마엘 대통령도 있었다.*

* 1982년 9월 14일 바시르 제마엘은 대통령 정식 취임을 앞두고 베이루트 동부에서 팔랑헤당 지도부에게 연설을 하다 폭탄 테러로 사망한다.

다음날 이스라엘군은 '이슬람 과격단체' 대원이 여전히 저항하고 있는 베이루트 서부를 공격했다.

16일 밤 팔랑헤 민병대가 사브라 샤틸라 난민캠프에 침투해 민간인을 학살했다.

이 사건이 알려지자 이스라엘인 40만 명이 샤론 국방장관과 베긴 총리에게 해명을 요구하며 텔아비브에서 시위를 벌였다.

국가조사위원회는 이스라엘이 간접적 책임이 있으며 특히 샤론은 개인으로서도 책임을 져야 한다는 사실을 밝혀냈다. 샤론은 결국 국방장관에서 해임되었다.

베이루트로의 복귀

유엔은 베이루트 민간인의 군사보호를 요구했다. 미국은 유엔 규정에서 자유로운 새 다국적군 설립을 추진했다.

이번에는 미국과 영국, 이탈리아, 프랑스가 모여 연합군이 만들어졌다.

9월 21일 바시르 제마엘의 형인 아민 제마엘이 레바논 의회에서 대통령으로 선출되었다.

1983년 2월 다국적군에 대한 첫 번째 공격이 발생했다. 이슬람 지하드*는 자신들이 벌인 일임을 인정했다.

* 일반적으로 이슬람교의 과격 무장단체를 뜻하며 1983년 베이루트 주재 미국 대사관의 폭탄 트럭 공격으로 알려졌다. 그해 베이루트 미 해병 사령부와 프랑스군 본부 공격에서도 이 조직의 이름으로 성명이 발표되었다.

외교통들은 이슬람 지하드가 레바논 베이루트 동부 쪽에 있는 고대도시 바알베크 지역의 이슬람 단체와 관련이 있을 것으로 생각했다.

이 단체는 이란이 후원하고 자금을 지원하며 급진 시아파가 중심에 있었다.

그중 핵심은 이슬람 아말*이라는 조직이었다.

또한 이슬람 지하드가 레바논이라는 무대에서 활약할 신의 정당 헤즈볼라라는 설도 있다.**

4월 18일 미국 대사관이 폭파되어 부서원과 회의를 하고 있던 CIA 근동아시아 국장이 살해당했다.

* 1970년 레바논의 시아파 이슬람교도가 조직한 정치 군사 조직이다.
** 이슬람 지하드의 정체는 알려져 있지 않다. 이슬람 아말이나 헤즈볼라 등 시아파 과격단체의 위장이라는 설, 여러 단체가 독자적으로 테러 후 이슬람 지하드의 이름으로 발표한다는 설이 있다.

이슬람 지하드가 자신들의 작품이라 주장하고 나섰고 이를 기념하는 우표를 발행했다.

이 공격은 레이건 행정부의 주도로 이뤄진 이스라엘과 레바논 간 협상을 가속화하는 효과를 낳았다.

이스라엘과 레바논의 합의는 레바논군 2개 여단이 레바논 남부 지역을 순찰하는 데 있어 '안전벨트'가 되었다. 이스라엘군에는 지역 '사찰권'이 주어졌다.

이스라엘군의 주둔은 시리아군이 철수를 완료할 때까지 허용되었다.

이 상황은 시리아와 연합한 드루즈* 진보사회당**이 레바논군을 쵸우프 지역에서 몰아낼 때까지 이어졌다.

드루즈 민병대는 베이루트로 가는 관문인 수크 엘 가브***로 진격했다. 하지만 이들의 진격은 9월 11일 미국 포병이 레바논군을 대신해 공격하며 막혔다.

미국은 군대와 군함을 더 보냈다.

* 이슬람교 시아파에서 갈라져 나온 분파인 드루즈교를 믿는 아랍인이다.
** 레바논의 정당 중 하나로 주로 드루즈인들의 지지를 기반으로 하고 있다.
*** 레바논의 베이루트 동부 알레이 근처에 있는 도시다.

10월 23일 자살 테러범들이 폭발물이 장착된 트럭을 몰고 건물 두 채로 돌진했다.

프랑스 낙하산병 전초기지와 미 해병 막사였다.

10월 26일 부시 부통령은 베이루트로 향했다. 미국의 대규모 보복이 예상되었다.

그러나 예상과 달리 미군은 친쿠바 정권을 전복시키기 위해 그레나다* 에 파견되었다.

12월 3일 시리아 포병대가 쵸우프 지역을 정찰하던 미국 비행기를 공격했다.

다음 날 반격에 나선 미군이 시리아 진지를 폭격했다.

* 중앙아메리카 윈드워드제도에 있는 섬나라다.

베이루트에서는 다국적군이 계속해서 공격 대상이 되었다.

레바논 정권의 적들은 각자 자국에 파병을 촉구했다.

반면 레바논군은 다국적군에게 이슬람 아말을 베이루트 남부에서 몰아내도록 도와달라고 요청했다.

미국은 동의했지만 다른 나라들은 거절했다.

1984년 2월 3일 레바논군은 단독으로 이슬람 아말이 있는 곳을 공격했으나 시아파 병사로 구성된 제6여단이 갑자기 태도를 바꿨다.

레바논군의 패배가 짙어지자 미국과 영국, 이탈리아 파병대가 배를 돌려 다시 레바논으로 들어왔다. 레이건은 파병대가 '역외'로 재배치되었다고 발표했다.

1984년 3월 5일 아민 제마엘은 레바논 남부에 관한 이스라엘 레바논 평화협정을 철회해야 하는 상황에 놓이게 되었다.

이것은 레이건을 둘러싸고 있던 신냉전 옹호자들에게는 뼈아픈 실패였다.

* 이스라엘의 우익 연합 정당이다. 183쪽 주석 참고.

3부

1984~2013년, 새로운 질서와 싸움

새로운 질서

이라크 1990~1991

...

1981년부터 1989년까지 레이건 대통령의 신냉전 시대에 미국은 중동에서 별 재미를 보지 못했다.

특히 레바논에서 큰 망신을 당했다.

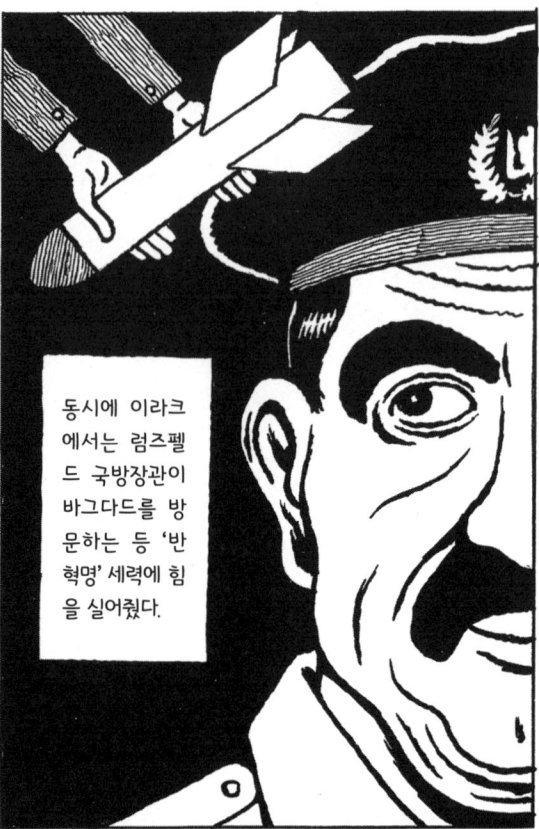

1989년 1월 아버지 조지 부시 대통령은 취임 즉시 소련을 아프가니스탄에서 몰아내고 베를린 장벽을 허무는 데 온 힘을 쏟았다.

워싱턴에서는 보수주의자가 권력을 잡았다.

국무장관 제임스 베이커

국방장관 딕 체니

합참의장 콜린 파월

페르시아만에서 그들은 전략은

이란과 이라크 사이에서 시소를 타는 것이었다.

즉 '이중봉쇄' 전략이다.

* 이라크와 쿠웨이트는 국경 부근의 유전지대를 두고 분쟁을 계속해 왔다. 국경선을 어떻게 긋느냐에 따라 국가의 석유 생산량이 달라지기 때문이다.

그녀는 이라크와의 관계를 개선하기 위해 노력했다.

이란 이라크 전쟁에서 피해가 컸던 이라크는 막 다시 일어서던 참이었다.

그녀는 1990년 7월 25일 후세인을 만나 부시 대통령의 인사를 전했다.

이 자리에서 그녀는 아랍 내 분쟁에서 미국은 어느 편도 들지 않을 것을 분명하게 말했다.

워싱턴은 물론 평화를 위해 중재는 할 것이라고 했다.

하지만 후세인은 이미 쿠웨이트를 침공하기로 마음을 굳힌 상태였다.

글래스피 대사가 전한 말의 내용보다 그 아래 깔린 어조가 결정적이었다.

음모론이 퍼져나가기에 충분했다.

미국이 사담 후세인을 시켜 쿠웨이트를 침공했다!

가장 강력한 아랍군을 쳐부수려고 한다!

모두 이스라엘을 위해서다!

목적은 중동의 석유다!

CIA

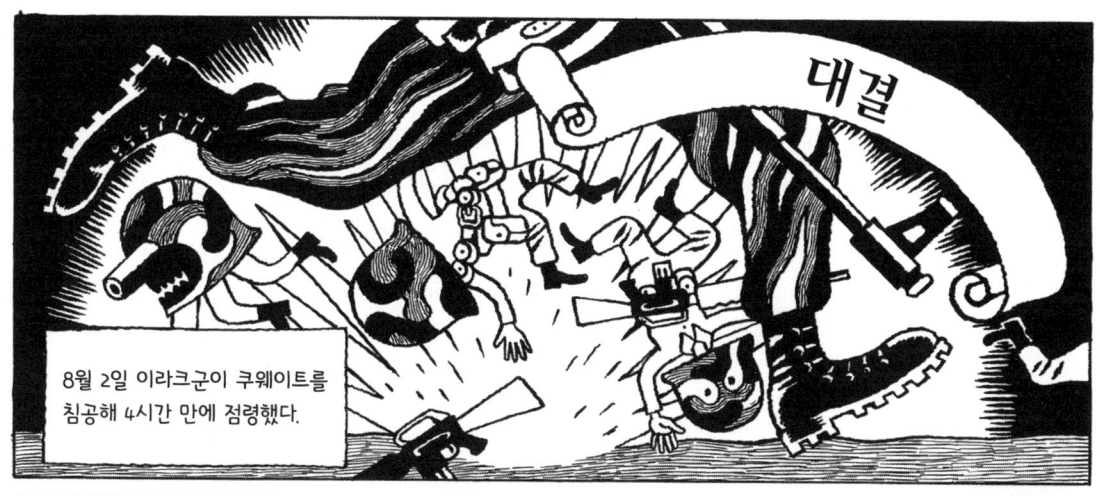

8월 2일 이라크군이 쿠웨이트를 침공해 4시간 만에 점령했다.

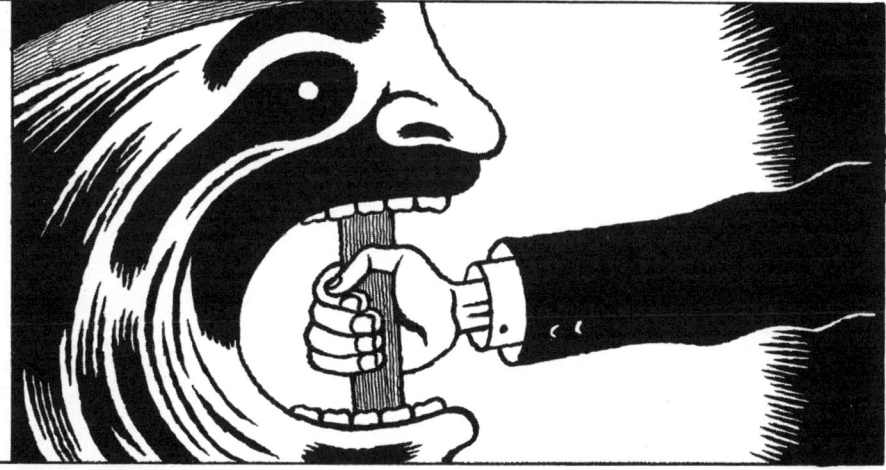

유엔 안보리는 이를 규탄하면서 이라크군의 즉각적인 철군을 요구했다. 이 결의에서 예멘과 쿠바는 기권했다.

아버지 부시 대통령은 후세인이 사우디까지 침공하지 않을까 걱정스러웠다.

이에 미국은 군을 동원해 이라크를 공격했다. 8월 6일 '사막의 방패' 작전이 시작되었다.

미국의 이라크 파병은 아랍 세계에 반발을 불러왔다.

아프가니스탄 전쟁에 참전했던 오사마 빈 라덴은 이라크 국경으로 대원들을 보내주겠다고 제안했다.

사우디 국방장관은 콧방귀를 뀌며 제안을 거절했고 빈 라덴은 격노했다.

아프가니스탄 참전 용사들이 알카에다 비밀조직의 핵심 멤버라는 사실을 아무도 몰랐을 때였다.

아랍 연합군의 지휘는 사우디 국방장관의 아들 술탄 빈 칼리드 장군이 맡았다.

하지만 모든 미군은 슈워츠코프 장군의 지휘를 받았다.

이에 후세인은 쿠웨이트를 침공했다.

국경이 폐쇄되고 서구인 수천 명이 고립되어 인질로 잡혔다.

변덕스러운 독재자 후세인은 그들 일부를 풀어주기도 했는데 이런 행동에 프랑스 등 여러 나라가 분노했다.

부시는 사우디에 파견하는 미군의 수를 두 배로 늘리고 정치적 제스처로 추수감사절을 군함에서 보냈다.

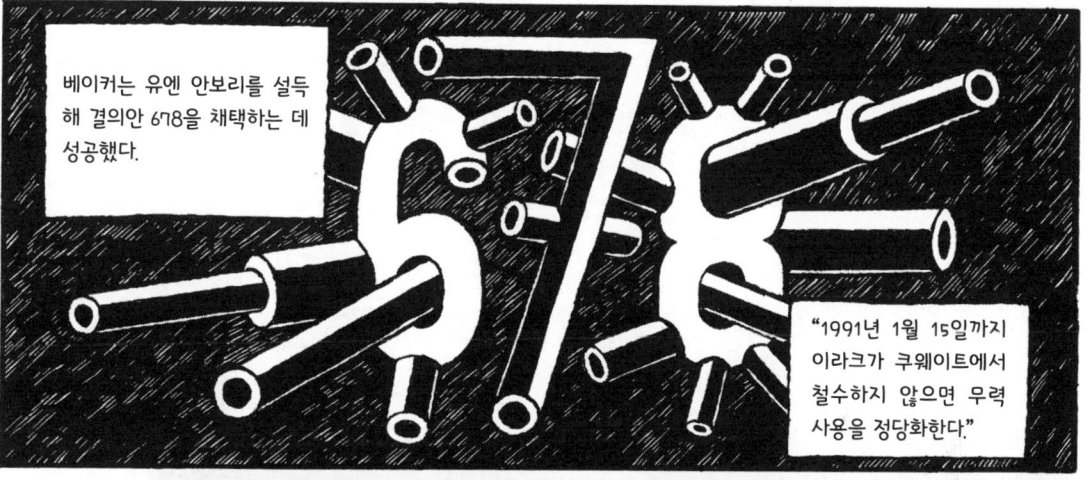

베이커는 유엔 안보리를 설득해 결의안 678을 채택하는 데 성공했다.

"1991년 1월 15일까지 이라크가 쿠웨이트에서 철수하지 않으면 무력 사용을 정당화한다."

1월 3일 의회는 백악관이 이라크에 무기를 사용하도록 승인했다.

1991년 1월 9일 제네바에서 베이커는 이라크 외교관 타리끄 아지즈와 만났다.

아지즈는 미국이 후세인에게 보낸 편지가 대단히 모욕적이라며 이를 받지 않았다.

34개국 연합군의 지원을 등에 업은 미군 50만 명이 이라크군과 대치했다. 비록 이라크가 장비 성능은 떨어지지만 수적으로는 비슷했다.

2월 13일 연합군이 아미리야 방공호를 공습해 민간인 수백 명이 죽었다. 워싱턴이 지휘센터라고 지목한 곳이었다.

이 전쟁을 국제전으로 만들기 위해 후세인은 사우디와 이스라엘에 미사일을 발사했다.

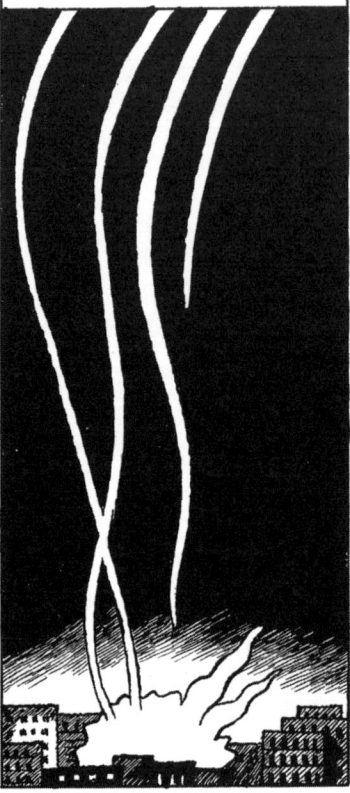

사우디인 1명과 이스라엘인 3명이 사망했다. 발사체가 서안지구에 떨어지면서 수많은 팔레스타인인이 죽었다.

연합군 내 아랍 국가를 달래기 위해 워싱턴은 이스라엘에 압력을 넣어 보복 공격과 미사일 배치를 금지했다.

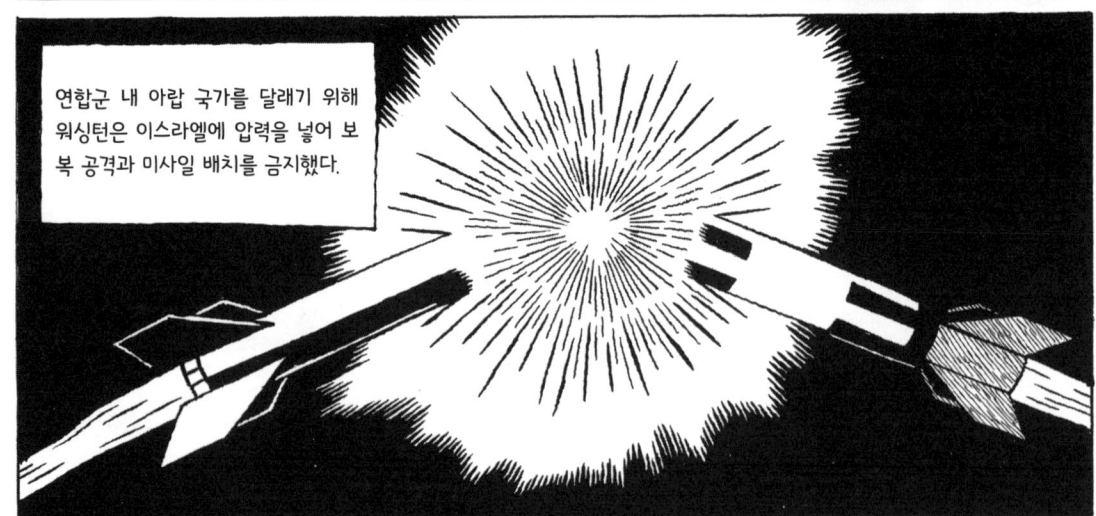

100시간 전쟁

2월 24일 연합군이 지상 공격을 시작했다.

사우디군은 쿠웨이트를 구했다는 사실에 자부심을 가졌다.

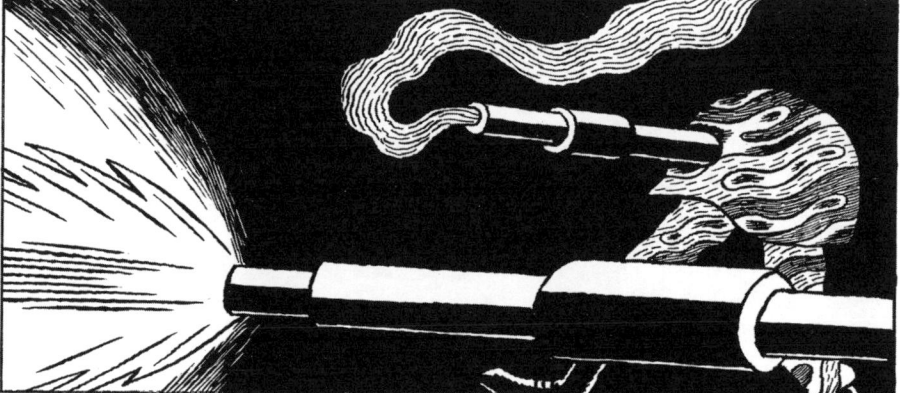

하지만 이라크에 가장 깊숙이 침투한 것은 서방의 '기병' 병력이었다.

프랑스 특공대는 바그다드에서 190킬로 떨어진 곳에 주둔하고 있었다.

하지만 워싱턴은 그들에게 뒤로 물러나라고 했다.

쿠웨이트에서 철수하기 전 이라크 군은 유전에 불을 질렀다.

2월 26일 밤 병사 수백 명이 달아나다가 '죽음의 고속도로' 위에서 목숨을 잃었다.

이라크의 저항이 거세지 않다는 사실에 미국의 전략가들은 놀랐다.

이라크군은 해체되고 수도 근처에 연합정권이 세워졌다.

2월 27일 바스라* 인근에서 장갑차 200대가 2시간 만에 부서졌다.

2월 28일 이라크군은 슈워츠코프 장군이 서명한 휴전협정 조건에 동의했다.

* 이라크 동남부 페르시아만에 있는 항구다.

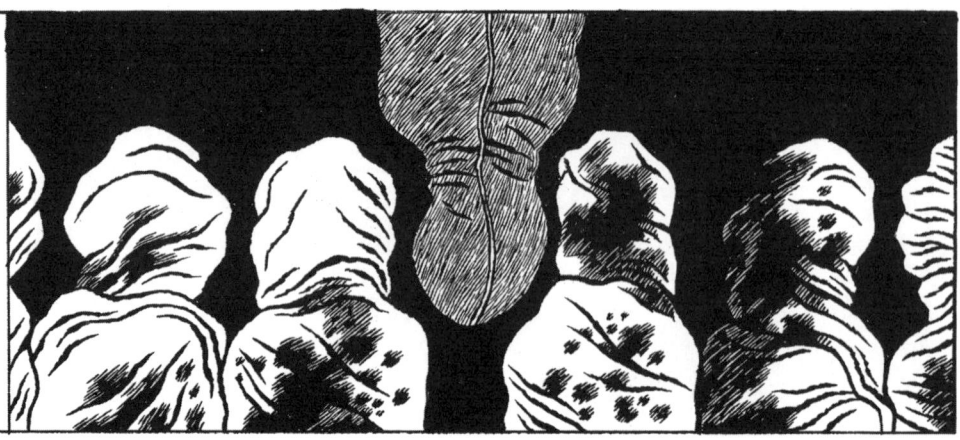

이라크군이 해체되면서 병사 수천 명이 이 봉기에 참여했다.

바스라에서 시작된 봉기는 신성한 도시 나자프와 카르발라로 퍼졌다. 그리고 바그다드 내 시아파 거주 지역까지 도달했다.

3월 5일 쿠르드족은 아르빌과 술라이마니야, 키르쿠크에서 봉기했다.

바트당* 무장 세력은 제거되고 죄수들이 풀려났다.

* 단일 아랍 사회주의 국가 건설을 추구하는 정당이다. 143쪽 주석 참고.

하지만 미국은 결국 등을 돌릴 것이었다. 사실 이 봉기는 국내 민족주의자가 주도했지만 궁극적인 목적은 이랬다.

바로 이라크가 이란의 시아파 지지자들 손에 넘어가지 않게 하는 것.

미국이 원했던 것은 이웃 국가를 위협하지 않을 정도로 약하고

내부 적을 물리치기에는 충분히 강한 이라크 체제를 구축하는 것이었다.

워싱턴은 지난 2월 맺은 휴전협정을 위반하고 헬리콥터와 화학무기 사용을 용인했다.

1991년 4월 다시 권력을 잡은 후세인은 나라 전체를 완전히 장악했다.

오히려 국제제재 덕분에 자국민을 옥죌 수 있었다.

바트당은 국민에게 배급카드를 나눠줬다.

쿠웨이트를 해방시키려 한 전쟁으로 중동에서는 '새로운 세계 질서'가 수립되었다.

아랍군은 공중 분해되었다.

10월 마드리드에서 미국과 소련이 참석하는 아랍 이스라엘 평화협상이 열렸다.

부시와 베이커가 승리했다.

몇 주 후 소련은 이 문제에서 발을 뺐다.

신임 대통령은 민주당이었지만 중동 문제에서는 공화당 전임자의 발자취를 그대로 따랐다.

미국의 중재로 이스라엘과 이웃 아랍 국가 간 협상이 진행되었다.

팔레스타인 대표들이 요르단 대표단에 속하게 되면서 PLO는 여전히 배제된 채였다.

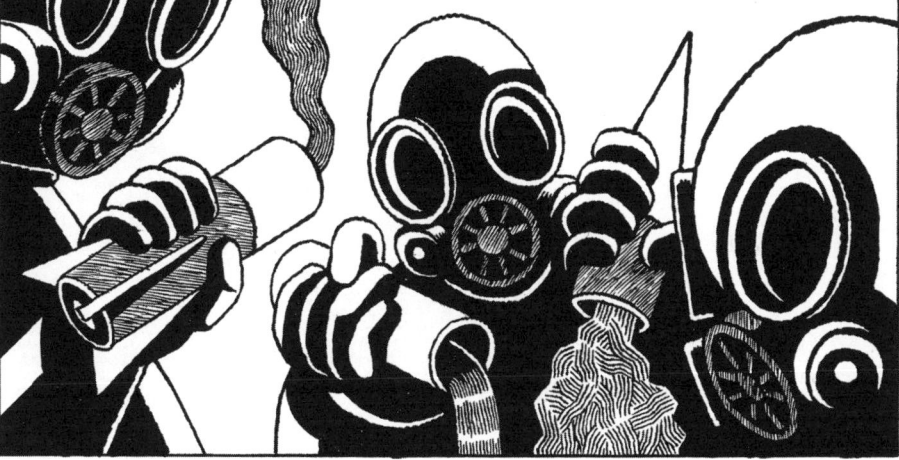

후세인의 이라크를 감시하고 군비 축소 활동도 감독했다.

* 이스라엘과 팔레스타인 간 첫 평화협정으로 오슬로 협정이라 부른다.

이 오슬로 협정에 반대하는 하마스* 이슬람교도들이 주도권을 잡고 세력을 키웠다.

그리고 1995년 11월 4일 라빈 이스라엘 총리는 유대인 극단주의자에게 암살당했다.

이로써 평화협상은 다시 원점으로 돌아갔다.

이스라엘의 선거 운동이 점점 치열해지는 가운데 하마스는 자살폭탄 공격을 퍼부었다.

* 1987년 말 아마드 야신이 창설한 팔레스타인의 이슬람 저항 운동단체. 1993년 이스라엘과 팔레스타인이 맺은 오슬로 협정에 반대했고 2006년 총선을 통해 팔레스타인 자치정부의 집권당이 되었다.

* 이스라엘 노동당을 창당했고 총리, 내무장관, 외무장관, 재무장관, 노동당 당수 등을 지냈다. 이스라엘과 팔레스타인이 오슬로 협정을 체결하는 데 결정적 역할을 한 공로로 1994년 노벨평화상을 수상했다.
** 1996년부터 1999년까지 이스라엘 총리를 역임했으며 2009년 두 번째 총리직에 오른 뒤 10년 넘게 장기 집권한 강경파 정치인이다.

휴전협정을 맺기 위해 미국은 프랑스의 손을 잡을 수밖에 없었다.

네타냐후가 선거에서 승리했다.

평화협상은 중단되었다.

수단에서는 빈 라덴이 '기지'라는 뜻의 국제 네트워크 알카에다를 구축하고 있었다.

빈 라덴은 이라크가 쿠웨이트를 침공했을 때 사우디로 미국의 '이교도들'을 불러들인 왕실 가족과 관계를 끊었다. 그 후 그는 1994년 사우디 시민권을 박탈당했다.

워싱턴은 알카에다 대원이 소말리아에 개입하는 것을 용인하지 않았다.

사우디도 이 무국적 선동가를 무력화하고 싶어 했다.

이집트는 1995년 무바라크*에 대한 아디스아바바** 공격의 배후로 빈 라덴의 오른팔 아이만 알 자와히리***를 지목했다.

* 이집트의 대통령(1981~2011)으로 사다트 대통령이 사망한 직후에 시행된 국민투표에서 98.46퍼센트라는 압도적 지지로 대통령에 당선되었다.
** 아프리카 동부 에티오피아의 수도.
*** 1981년의 사다트 암살사건에 연루되어 5년 징역형을 받았던 이집트 출신 반체제 투쟁가로 빈 라덴을 도와 알카에다를 이끌었다.

클린턴은 마수드 바르자니*에 온 신경을 집중하고 있었다. 이라크 내 미국의 동맹이었던 쿠르드족이 태도를 바꿔 후세인을 따르기 시작한 것이다.

이라크 탱크가 비행 금지구역에 들어섰다.

그들은 CIA에게 훈련받고 무장한 잘랄 탈라바니** 일파를 몰아냈다.

미국이 지원한 '반군' 수백 명은 미국 본토로 망명하기를 거부하고 괌을 피난처로 삼았다.

* 쿠르드족 정치가다. 쿠르드족은 이란 이라크 전쟁에서 이란과 연합해 싸웠고, 걸프 전쟁과 이라크 전쟁 당시에는 미국과 연합했다.
** 쿠르드족 출신의 이라크 정치가다. 이라크 전쟁 당시 미국을 지원했고, 2005년 이라크 초대 대통령으로 선출되었다.

하지만 이 사태는 1996년 미 대선에 어떤 영향도 미치지 못했다. 클린턴은 재선에 성공했다.

1998년 8월 폭격

1998년 8월 7일 케냐와 탄자니아에 있는 미국 대사관이 공격당했다.

희생자 대부분은 아프리카 민간인이었다. 사망자 224명 중 미국인은 12명이었다.

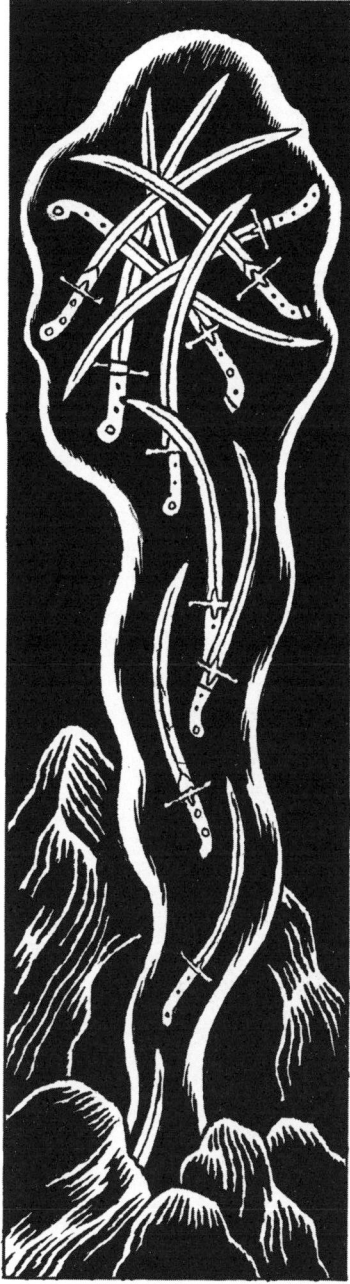

빈 라덴은 자신의 지하드 선언을 충실히 이행했다.

자신을 받아준 탈레반과 지도자 무하마드 오마르*에게는 공격 계획을 비밀로 했다.

하지만 여전히 빈 라덴을 지지하는 탈레반은 워싱턴의 요구를 받고도 그를 넘기지 않았다.

1998년 8월 20일 약 60개의 크루즈 미사일이 아프가니스탄 동부 알카에다 진영을 강타했다.

* 아프가니스탄의 정치가이자 이슬람 무장 세력인 탈레반의 지도자다. 미국은 빈 라덴이 오래전부터 아프가니스탄에 거점을 두고 있었으며 탈레반 정권의 보호 아래에 있다고 주장했다. 9·11 테러가 일어난 해 11월 미국은 빈 라덴을 색출한다는 이유로 아프가니스탄을 공격했다.

알카에다 대원 수십 명이 사망했다.

하지만 폭격이 떨어진 곳 중 한 곳에 있던 빈 라덴은 마지막 순간 계획을 바꿔 다른 장소로 몸을 피했다.

알카에다 대원은 이를 신성한 보호의 표시로 생각했다.

파키스탄을 비롯한 아랍 세계에서 빈 라덴의 인기가 치솟았다.

자원자들이 알카에다 캠프로 모여들었다.

사우디와 빈 라덴의 '무력화'를 협상하고 있던 탈레반은 미국의 공격에 분노했고 알카에다를 도왔다.*

빈 라덴과 자와히리는 투쟁을 계속하며 미국 본토를 공격할 준비를 했다.

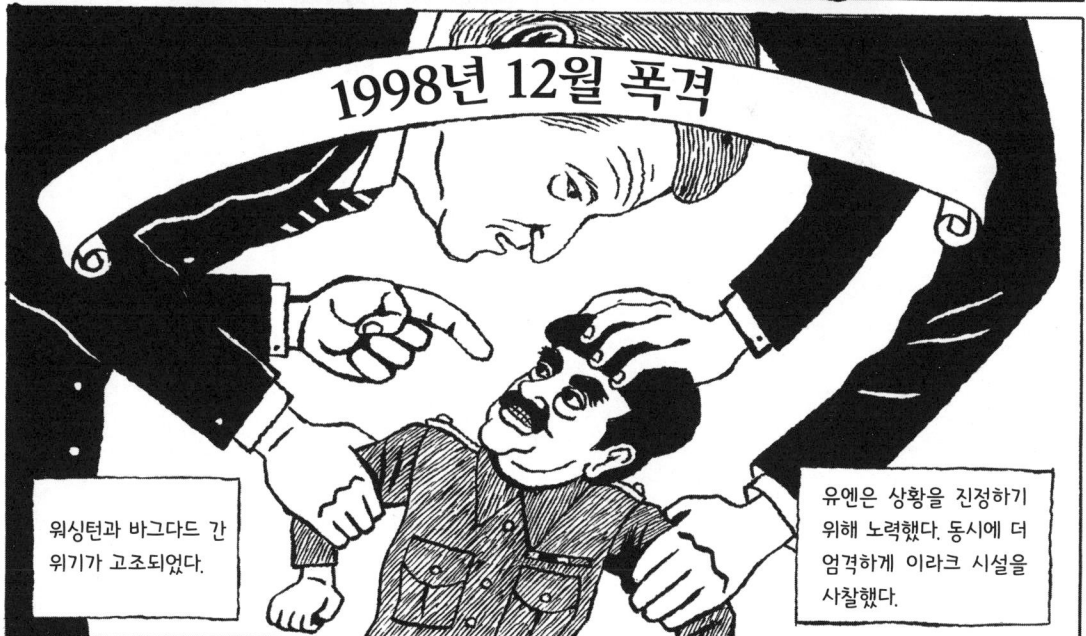

1998년 12월 폭격

워싱턴과 바그다드 간 위기가 고조되었다.

유엔은 상황을 진정하기 위해 노력했다. 동시에 더 엄격하게 이라크 시설을 사찰했다.

* 탈레반은 빈 라덴의 군사적 힘을 어느 정도 무력화하는 것에는 동조할 의향이 있었고 이를 사우디와 협의하고 있었다. 그러나 미국이 원하는 바처럼 빈 라덴을 제거할 의향은 없었다.

제재가 시작된 지 7년이 지났고 아무도 제재가 풀릴 거라 기대하지 않았다.

이것이 오히려 후세인에게 유리하게 작용했다. 그의 측근들은 직접 암시장을 통제하며 밀수입을 했다.

상황을 악화한 것은 모니카게이트, 클린턴 대통령과 백악관 인턴 모니카 르윈스키 사이에서 터진 성 추문이었다.

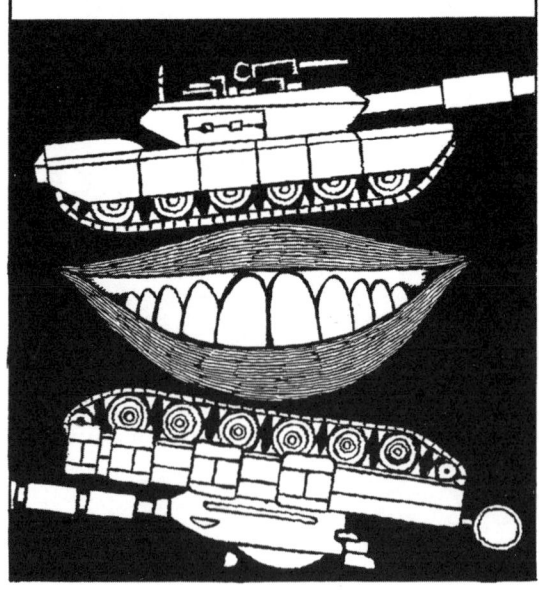

외도 자체도 충격적이었지만 더 큰 문제가 된 것은 국가 수장이 법정에서 선서를 한 채 거짓말을 했다는 사실이었다.

미 하원은 다수당이었던 공화당을 중심으로 위증과 사법 방해의 책임을 물어 탄핵 절차를 시작했다.

클린턴은 이라크 문제로 사태를 전환할 수 있으리라 생각했다.

유엔의 사찰관들은 후세인이 유엔결의를 계속 위반하고 있다고 불평했다.

유엔 사무총장 코피 아난이 상황을 진정하는 동안 미국은 사찰관들을 이라크에서 철수시켰다.

지금까지도 미국은 후세인이 사찰관들을 추방했다 주장한다.

1998년 12월 17일 몇 시간의 논쟁 후 미 의회는 개전 이유를 작성했다.

'사막의 여우' 작전이 시작되었다. 바그다드와 바스라를 향해 미사일이 발사되었다.

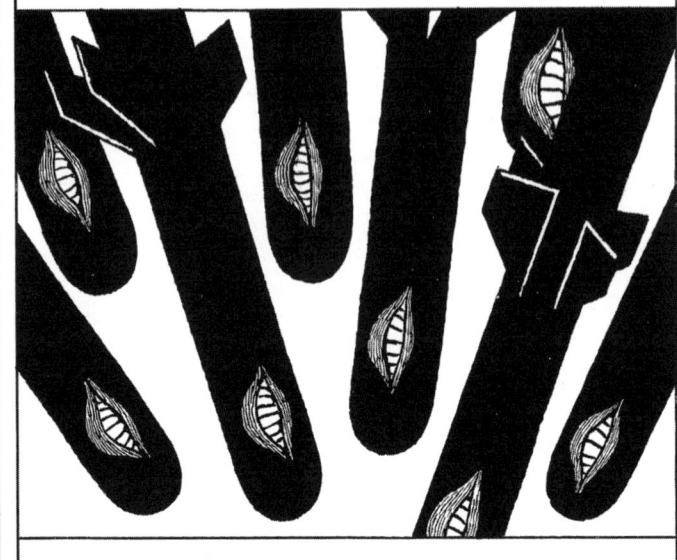

영국이 이라크에 대한 공중전과 탄도 공세에 합류했다.

바트당의 거물들은 모두 안전한 곳으로 대피했다.

라마단 기간에 발생한 이 폭격은 아랍 세계에 큰 충격을 줬다.

12월 19일 미 하원에서는 클린턴의 탄핵 투표가 진행되었다.

'사막의 여우' 작전은 3일 동안 중단되었고

미국의 아랍 동맹국들은 한시름 놓았다.

하지만 유엔은 이제 이라크에 사찰관을 파견하지 않았다.

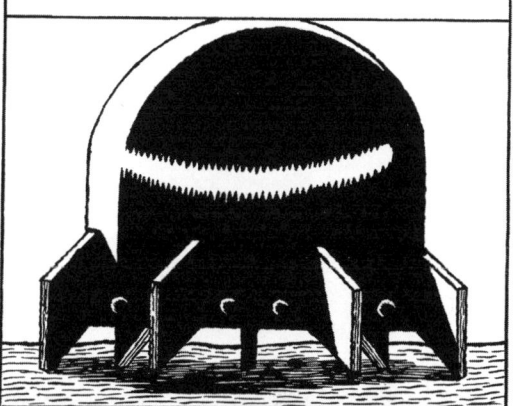

후세인의 '대량 살상 무기'에 관한 논쟁은 더 이상 사실에 기초한 객관적인 보고서로 해결할 문제가 아니었다.

유독 가스

핵폭탄

슈퍼 캐논

이제 시국은 거짓 정보가 난무하는 전면전의 양상을 띠었다.

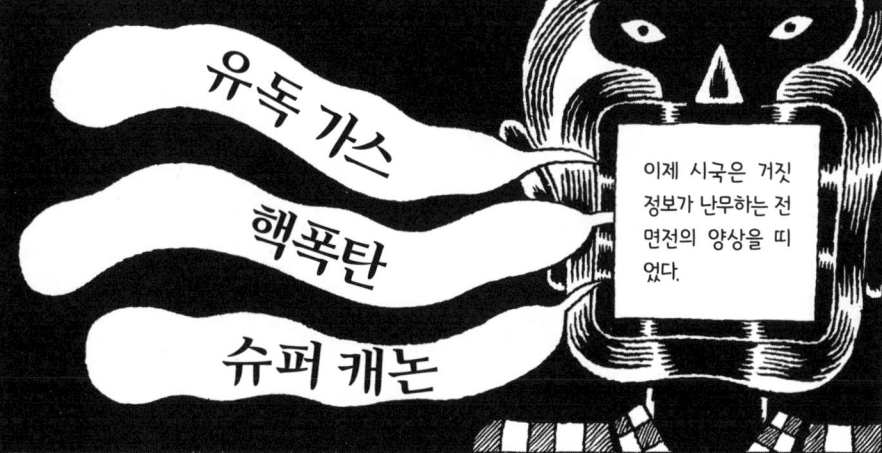

아버지 부시 대통령에게 중동에서의 '팍스아메리카나' 정신을 물려받은 클린턴은 아들 부시 대통령에게 후세인이 장악하고 있는 이라크를 물려줬다.

그리고 알카에다의 영향권에 놓인 아프가니스탄도 있었다.

이스라엘과 시리아, 이스라엘과 팔레스타인 간 평화협상을 재개하려는 서툰 시도는 실패로 돌아갔다.

2000년 9월에 발생한 두 번째 인티파다*는 미국의 아랍 동맹국을 곤경에 빠뜨렸다.

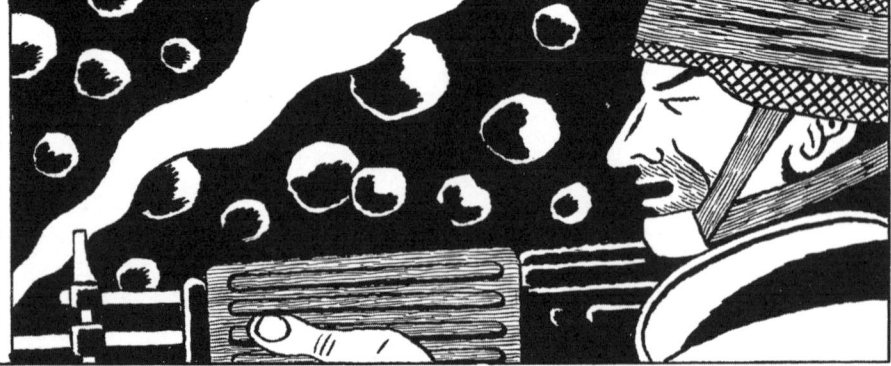

*팔레스타인의 반이스라엘 저항 운동이다.

10월 12일 알카에다는 아덴 항구에 정박해 있는 구축함 USS 콜호를 공격했다. 17명이 사망했다.

빈 라덴은 자신들이 먼저 공격을 당했다 주장했다.

다음 달 아들 부시는 백악관 경쟁에서 클린턴의 부통령 앨 고어를 물리쳤다.

* 에 플루리부스 우눔. '여럿이 모여 하나'라는 라틴어로 미국의 건국 이념이다.

2001년

신임 대통령은 심각한 알콜 중독자였다.

~부시~
위스키

2004년

하지만 그리스도와의 영적 만남 이후 구원을 받았다.

운 좋지만 좌절한 계승자

그는 기독교도로 '다시 태어났다.'

'믿음으로 부활'한 진정한 기독교도였다.

아들 부시는 미국 남부에서 독실한 '기독교 시온주의자'와 함께 자랐다.

유대인이 이스라엘로 돌아오는 일은 그들에게는 예언이 실현되는 것과 같았다.

이 기독교 시온주의자들은 무조건 이스라엘 우익 세력을 지지했다. 반면 유대계 미국인들은 노동당과 리쿠드당 지지파로 나뉘었다.

부시는 중동 문제에 있어서 아버지와 차별화될 점을 발견했다. 바로 이스라엘과 이라크였다.

우선 자신이 백악관에 입성한 즈음 정권을 잡은 샤론 이스라엘 총리와 깊은 공감대를 나눴다.

샤론은 1982년 그가 베이루트에서 쫓아낸 아라파트를 제거하고 싶어 했다.

워싱턴은 팔레스타인 '테러리스트들'에 대한 이스라엘의 보복을 지지했다.

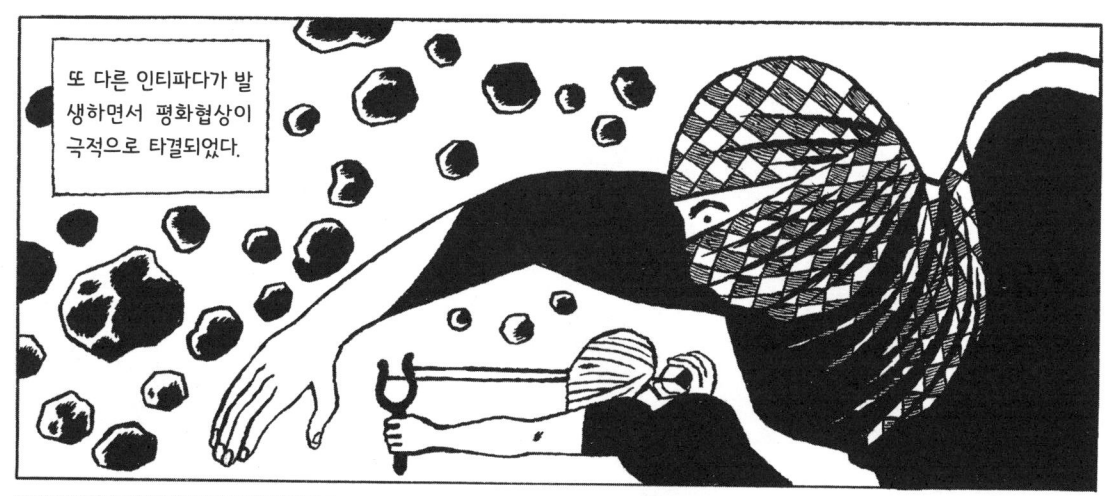

이라크에 대한 집착으로 부시는 빈 라덴이 미국을 공격할 준비를 하고 있다는 정보기관의 보고를 무시했다.

몇 주 후 알카에다 대원 19명이 미국 본토를 공격했다.

2001년 9월 11일

테러리스트들이 항공기 네 대를 납치했다.

오전 8시 46분과 오전 9시 3분 비행기 두 대가 뉴욕 세계무역센터 쌍둥이빌딩과 충돌했다.

오전 9시 38분 비행기 한 대가 국방부 청사 펜타곤을 들이받았다.

네 번째 비행기는 승객들이 필사적으로 저항해 지상으로 떨어졌다.

표적이 백악관이었는지 국회의사당이었는지는 이제 알 수 없다.

이 테러로 3,000명에 가까운 생명이 희생되었다.

하지만 네오콘*에게 이 희생은 크게 중요하지 않았다. 중요한 것은 후세인을 표적으로 삼아 '테러와의 전쟁'을 시작하는 것이었다.

9월 14일 부시는 어떤 식으로든 후세인이 이 공격에 개입했을 것이라는 확신을 영국 총리에게 털어놓았다.

9월 16일 국가 애도의 날에 부시는 전쟁을 선포했다.

그들이 미국과의 전쟁을 선포했습니다.

테러와 싸우는 이 신성한 십자군 전쟁은 쉽게 끝나지 않을 것입니다.

* 공화당을 중심으로 한 미국의 신보수주의자들이다.

* 카타르 도하에 본사를 둔 방송사다.

이러한 방식으로 그는 역사상 가장 우스꽝스러운 음모론을 만들어냈다.

그는 팔레스타인과 이슬람 성지의 이름으로 미국과의 투쟁을 희화화했다.

이에 부시는 빈 라덴을 악의 화신으로 묘사했다.

알카에다 지도자는 탈레반 동지의 저항 능력을 과대평가했다.

미국이 지상전을 매우 자제했음에도 오마르가 이끌던 탈레반 정권은 몇 주 만에 붕괴했다.

탈레반의 아프가니스탄 적들은 미 공군과 포병의 지원을 받아 전투에 참여했다.

알카에다 대원 대부분은 살해되거나 체포되었다.

2001년 12월 빈 라덴은 얼마 남지 않는 추종자와 파키스탄 국경 근처 토라보라*로 도피해 동굴에 요새를 만들고 숨었다.

밤새 폭격을 받은 알카에다 지도자는 모든 희망을 잃고 유언장을 작성했다.

미국은 큰 희생 없이 탈레반 정권을 무너뜨렸지만 이곳에 지상군을 배치하지는 않았다.

* 아프가니스탄의 잘랄라바드 남서쪽에 있는 산악지대다.

미 국방부는 위성 감시를 파키스탄과 아프가니스탄 국경에서 이라크로 옮겨

빈 라덴이 파키스탄으로 도망칠 수 있도록 했다.

사라진 연결고리

부시와 체니, 럼즈펠드에게 아프가니스탄은 테러와의 전쟁을 치를 대상 중 하나였을 뿐이다.

대테러 작전이 전 세계적으로 이뤄졌고 일부는 법의 테두리 밖에서 수행되기도 했다.

수감자 수가 계속 늘자 미국은 쿠바 영토 내 자신들이 통제하는 관타나모 군 기지에 수용소를 만들었다.

미 국방부 변호사들은 제네바협약*의 적용을 피하고자

수감자를 민간인으로 취급하지 않는 '비합법적 전투원'이라는 개념을 고안해냈다.

세계 곳곳에서 테러와의 전쟁 열풍이 일었다.

러시아 대통령 푸틴은 체첸공화국에서 벌인 피의 캠페인을 '테러'와의 전쟁으로 포장했다.

중국 역시 이슬람교 거주자가 다수인 서부 지방의 시위를 '테러'로 간주했다.

* 전쟁으로 인한 부상자, 병자, 포로 등을 보호하는 국제조약이다.

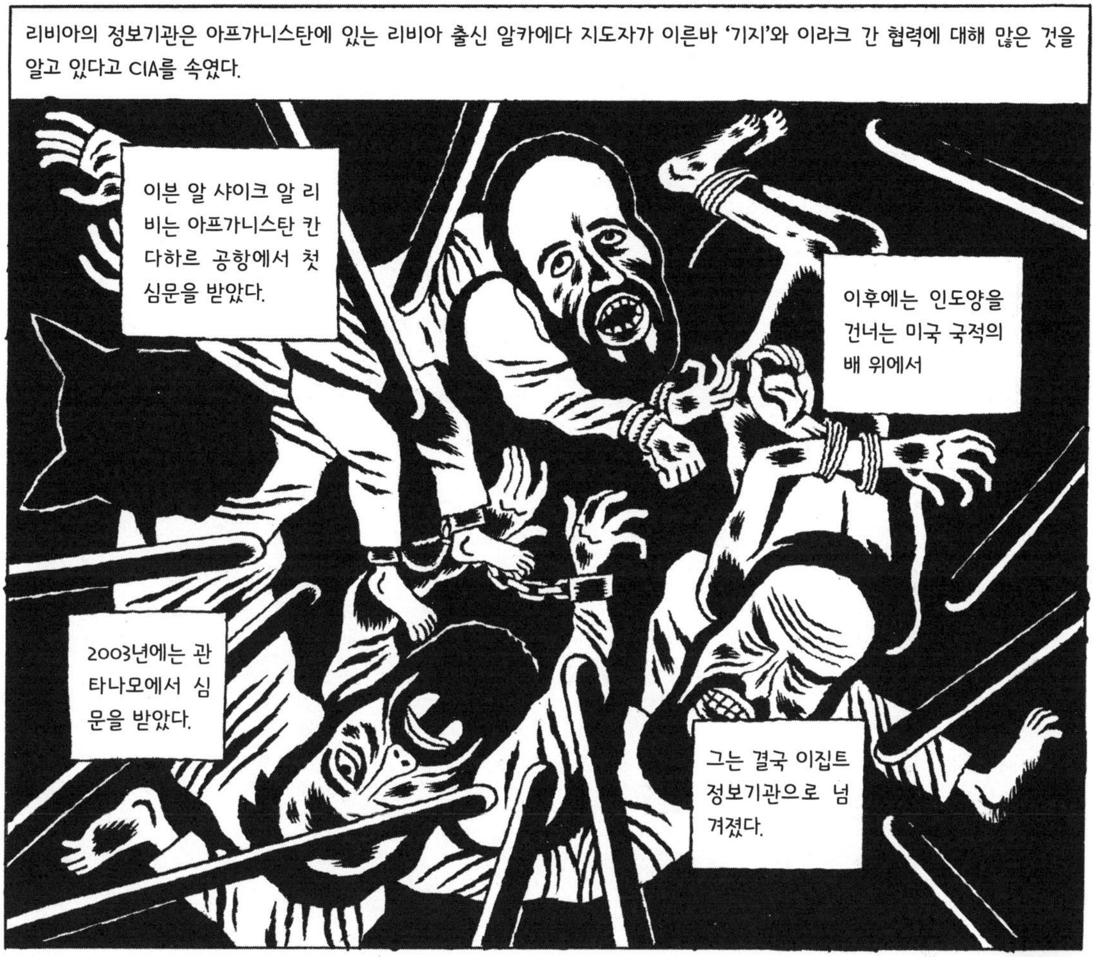

부시는 2002년 1월 29일 이라크와 이란, 북한을 '악의 축'이라며 비난했다.

이런 거짓 정보를 흘리는 정치공작으로 미국인 대다수는 후세인이 9·11 테러의 배후라 믿었다.

시카고의 젊은 상원 버락 오바마가 2002년 부시 대통령의 연설을 비난했다.

저는 전쟁을 반대하지 않습니다. 제가 반대하는 것은 멍청한 전쟁입니다.

2003년 2월 5일 유엔 안보리 연설에서 파월 국무장관은

후세인이 알카에다와 협력해 생화학 무기를 보유하고 있다고 주장했다.

후에 파월은 미국의 정보기관이 잘못된 증거를 제공했다며 발뺌했다.

파월은 안보리 이사국을 설득하지 못했다. 오히려 도미니크 드 빌팽 프랑스 외무장관이 주장한 '평화적인 군비 축소'가 따뜻한 박수를 받았다.

미국은 프랑스가 등 뒤에 칼을 꽂았다며 비난했다.

〈뉴욕타임스〉는 유엔 안보리에서 프랑스를 제외하고 대신 인도를 추가하자고 제안했다.

〈폭스뉴스〉는 프랑스 제품의 불매 운동에 앞장섰다.

부시는 토니 블레어 영국 총리의 충성심을 부각했다. 하지만 영국 국민 역시 프랑스와 마찬가지로 전쟁에는 반대했다.

2003년 3월 20일 이라크에 미사일 공격이 감행되었다.

연합군 15만 명이 3주 만에 바그다드에 도착했다.

바그다드 광장에 있는 후세인 동상을 넘어뜨리는 등 미국의 사상전이 시작되었다.

워싱턴은 아랍에서도 또 다른 베를린 장벽 붕괴가 일어나기를 원했지만 '해방된' 이 지역을 지배한 것은 대혼란이었다.

다양한 무장 단체가 군 보급소를 공격했다.

이라크 국립중앙박물관을 포함해 많은 유적지가 약탈당했다.

미군은 중요 문서가 가득한 석유부 건물을 지키는 전략적 역할에 만족하며 치안을 돌보지 않았다.

부시 행정부에는 후세인 이후 이라크에 대한 비전이 없었다.

그들은 폭군의 몰락이 민주주의 미래를 보장하는 데 충분하다고 확신했다.

연합국 임시행정당국 최고 행정관으로서 폴 브레머가 처음 내린 결정은 이라크군을 해산시키고 바트당원을 제거하는 것이었다.

해산된 병사 수만 명이 무기를 반납하지 않은 채 집으로 돌아갔다.

후세인의 전체주의 체제에서 강제로 바트당에 가입했던 공무원 대부분이 정부에서 쫓겨났다.

이라크 국가 전체가 무너졌다.

2003년 5월 1일 부시가 선언했다. "임무를 완수했습니다."

공식적인 종전 선언은 크게 의미가 없었다.

후세인은 여전히 도주 중이었다.

대량 살상무기의 흔적은 어디서도 발견되지 않았다.

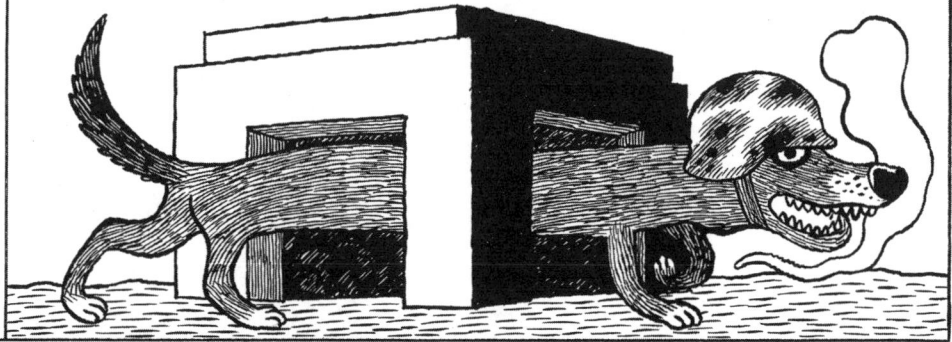

알카에다에게 이라크 침공은 '축복의 공격'이었다.

탈레반이 몰락하자 알카에다는 크게 약화된 조직을 추스르고 다시 일어설 수 있었다.

사우디, 2003년 5월 12일 리야드에 거주하는 미국인 9명을 포함해 35명 사망.

모로코, 5월 16일 카사블랑카에서 자살 폭탄 테러리스트 12명을 포함해 45명 사망.

특히 이라크에서는 수니파 인구를 중심으로 반미 투쟁이 일어났고

많은 외부 지원자가 이 투쟁에 참여했다.

12월 후세인이 체포되었지만 이라크에서 일어나는 게릴라전을 막는 데 도움이 되지 못했다.

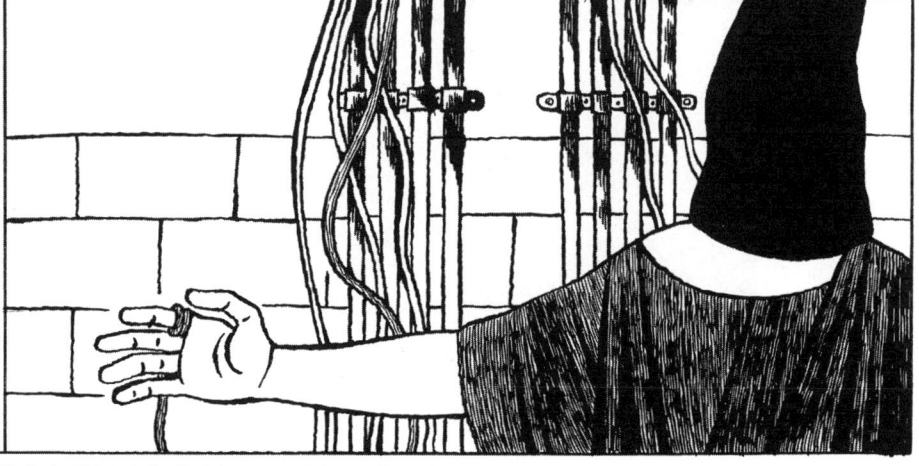

* 사담 후세인이 집권했을 때 바트당원들이 거주한 이라크 중부 알아바르에 있는 도시다. 2003년 이라크 전쟁에서 미국이 바그다드를 함락한 뒤에도 미군을 비롯한 외국인 납치, 살해, 테러 사건이 계속되면서 저항세력의 거점이 되었다.

2004년 미 대선에서는 부시와 이라크 전쟁을 비난하는 민주당 후보 존 케리가 맞붙었다. 10월 29일 아침 첫 뉴스에 빈 라덴의 '미국인에게 보내는 메시지'가 방송되었다. 그는 이런 방식으로 대선 논쟁에 참여했다.

우리는 미국이 파산할 때까지 계속해서 미국을 피로 물들일 것이다.

우리 알카에다는 2001년 9월 11일 공격을 감행하는 데 50만 달러를 썼다. 반면 미국은 5,000억 달러 이상을 잃었다.

우리가 1달러를 쓸 때 미국은 백만 달러를 쓴다.

이 섬뜩한 메시지는 부시에게 유리하게 작용해 결국 그가 두 번째 임기를 쟁취할 수 있게 했다.

버락 후세인 오바마

2008~2013년

금융위기와 부시 대통령에게 넌더리가 난 미국은 2008년 11월 큰 표 차이로 버락 오바마를 대통령으로 선출했다.

새로운 시작

그는 최초의 흑인 미국 대통령이었다. 아버지는 케냐인이고 어머니는 혼혈계 유럽인이었다. 자신은 기독교도로 자랐다.

미국 우익들은 그를 이슬람교도라고 비난했다.

오바마가 자신은 워싱턴 교회에 다니는 기독교도임을 강조했지만 효과가 없었다.

그가 태어난 하와이는 출생증명서를 공개하라는 압력에 시달렸다.

오바마는 테러와의 전쟁을 종식하고 다시 알카에다와의 싸움에 집중하기로 했다.

그는 아프가니스탄과 파키스탄 국경을 따라 무인비행기 공격 횟수를 늘렸다.

알카에다는 큰 타격을 받았다.

빈 라덴을 제거해 '이 일을 마무리 지어야' 한다는 사실을 오바마는 잘 알고 있었다.

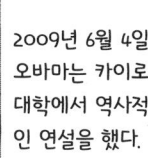

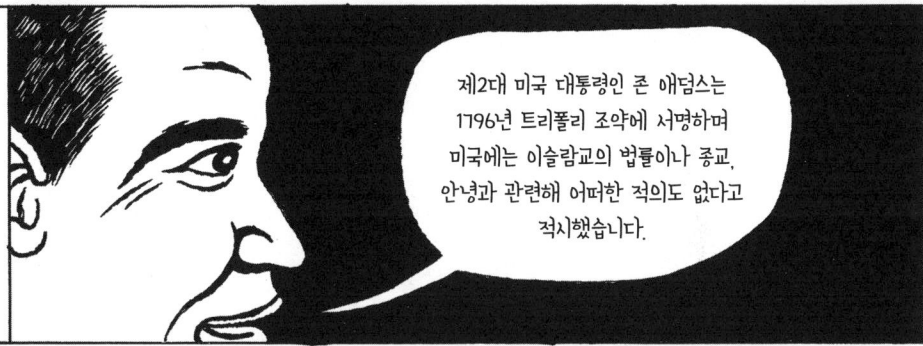

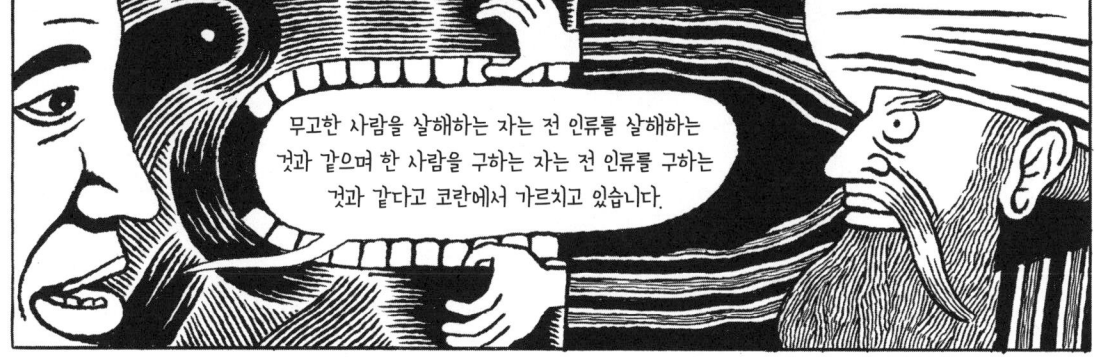

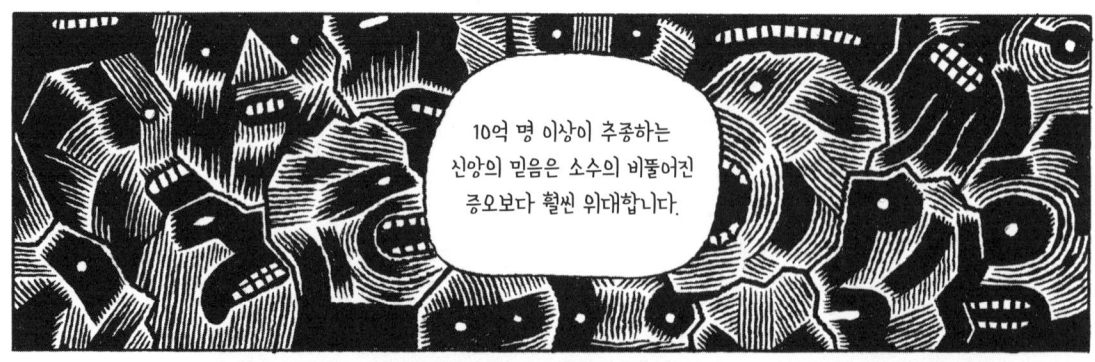

고집불통 비비

오바마는 '비비'라는 별명의 네타냐후가 새 이스라엘 총리가 된 시기와 비슷하게 대통령에 취임했다.

오슬로 협정을 체결하는 동안 클린턴과 라빈은 잘 통했고 부시와 샤론도 마음이 맞는 것처럼 보였다.

상대적으로 오바마와 비비는 서로 서먹하고 심지어 적대적으로 보였다.

하지만 이스라엘과 팔레스타인 상황은 타협까지 멀지 않은 듯했다.

샤론의 명령으로 라말라*에 포위되었던 아라파트는 2004년에 탈출했다. 그리고 프랑스 병원에서 숨을 거뒀다.

* 요르단강 서안지구의 행정 중심지로 팔레스타인 자치정부 청사가 있다.

샤론은 2006년 1월에 혼수상태에 빠졌고 깨어나지 못한 채 8년 후 사망했다.

아라파트의 후임으로 마무드 아바스가 팔레스타인 자치정부의 수반이 되었는데 그는 평화주의자로 국내에서는 '아부 마젠'이라 불렸다.

하마스가 가자지구를 통제했지만 퇴로가 차단된 채 계속해서 폭격을 당했다.

하지만 비비는 '대예루살렘'의 동쪽 지역이 이미 히브리국*과 통합되었다는 사실에 고무되었고

서안지구를 식민지화하기로 마음을 굳혔다.

* 이스라엘을 말한다.

1996년부터 1999년까지 총리직에 있는 동안 비비는 여기저기에

오슬로에서 맺은 이스라엘과 팔레스타인 간 평화협정을 깰 것이라며 떠들고 다녔다.

10년 후 그는 다시 총리가 되었고 이스라엘 역사상 가장 극우 성향인 내각을 이끌었다.

심지어 외무장관 자리에 극우 중 극우인 아비그도르 리베르만*을 임명했다.

리베르만은 몰도바 출신으로 푸틴과 가까운 사이였다. 그의 당은 러시아계 유권자의 지지를 기반으로 했는데 대개 아랍인과 적대적 관계였다.

그는 '제2차 세계대전에서 미국이 일본에 맞서 싸웠듯' 가자 지구에서 하마스와 투쟁해야 한다고 주장했다.

* 동유럽 몰도바 출신의 이스라엘 정치가로 1999년 '이스라엘 베이테이누(Yisrael Beiteinu, 우리 집 이스라엘)당'을 창설했다.

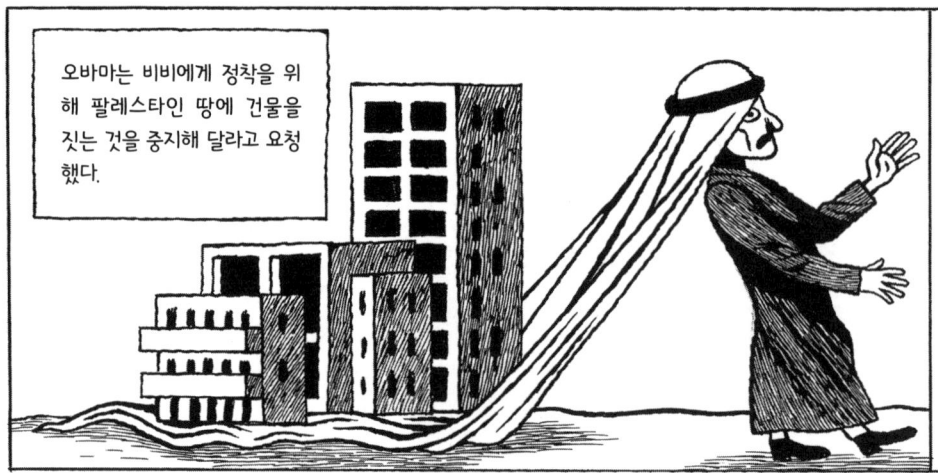

오바마는 비비에게 정착을 위해 팔레스타인 땅에 건물을 짓는 것을 중지해 달라고 요청했다.

네타냐후가 요청을 받아들이는 척했지만 정착 활동은 계속되었다.

2010년 3월 미국 부통령이 이스라엘을 방문하는 동안에도 비비는 대놓고 동예루살렘에 건물 1,800채를 지었다.

2010년 9월 오바마는 유엔 연설에서 미국은 여전히 팔레스타인의 독립을 지지한다고 밝혔다.

1년 후 비비의 지지자들이 의회에서 항의의 목소리를 높이는 동안 오바마는 여러 국내 문제로 의회와 부딪쳤다.

팔레스타인을 정식 회원으로 가입시킨 유네스코는 불이익을 받았다. 미국은 유네스코에 자금 지원을 전면 중단했다.

오바마는 팔레스타인의 유엔 회원국 승인안에 거부권을 행사했다.

제로니모* 작전

오바마는 국가 안보를 최우선으로 두고 '제로니모' 작전으로 빈 라덴을 제거하는 데 전력을 다했다.

* 미국 인디언 아파치족의 추장 이름으로 빈 라덴의 CIA 암호명이기도 했다.

* 미국국가안전보장국으로 미국 국방부 소속의 정보수집기관이다.
** 파키스탄 북서부 노스웨스트프런티어의 주도로 군대 주둔지이며 상업 교역의 중심지다.

마침내 정의가 실현되었습니다. 빈 라덴은 이슬람의 지도자가 아닙니다. 단지 대량 살상범이었을 뿐입니다.

빈 라덴의 시체는 인도양에 버려졌다.

대통령의 지지율은 사상 최고치에 달했다.

9·11 테러와의 종식을 선언한 그는 2011년 이라크와 2014년 아프가니스탄에서 미군을 상당수 철수시켰다.

하지만 자신의 대선공약이었음에도 관타나모 해군기지의 수용소만은 폐쇄할 수 없었다.

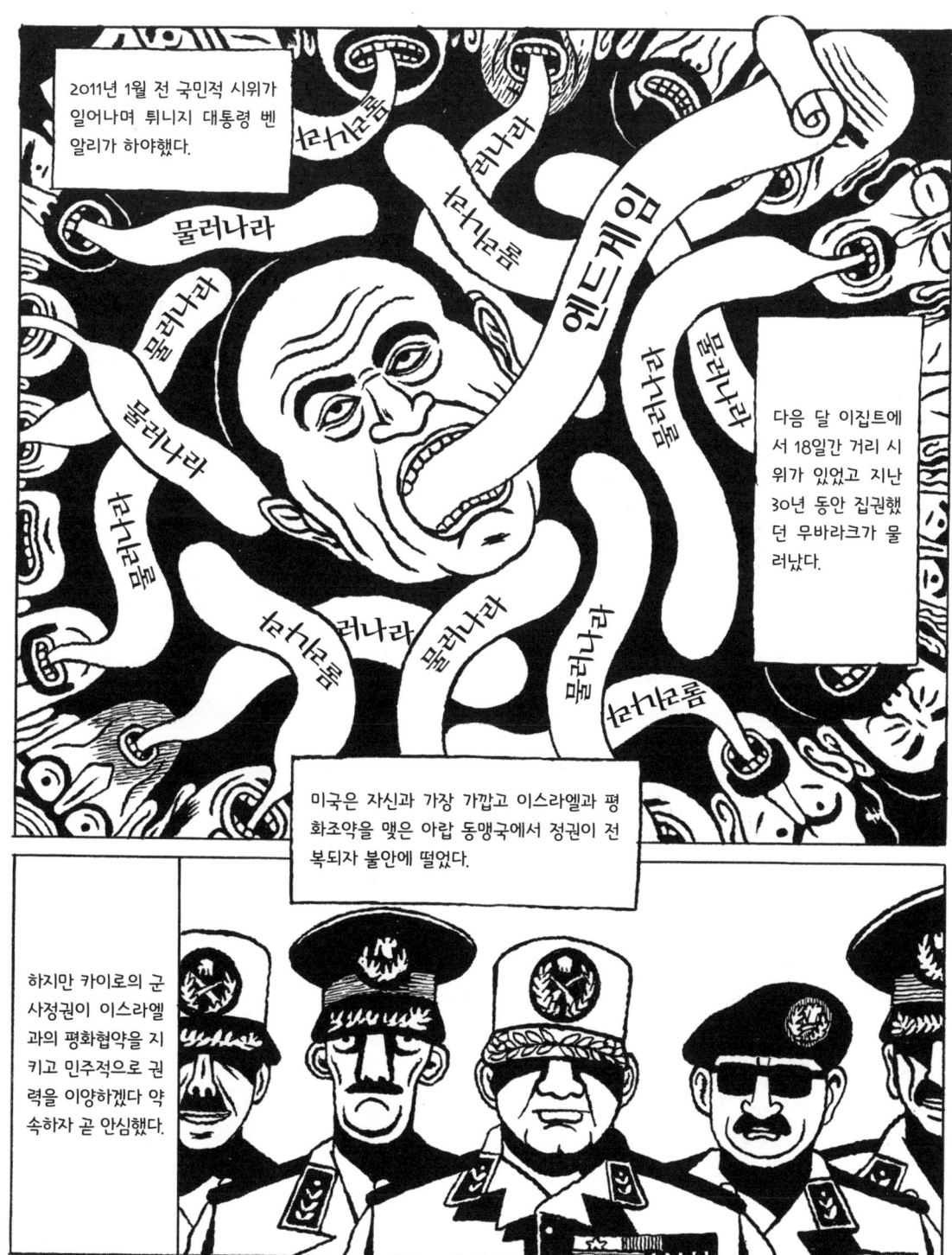

이집트는 이스라엘에 이어 두 번째로 큰 미국의 군사 원조 수혜국이었으며 카이로 주재 대사관은 미국의 외교 네트워크 구성에 가장 중요한 역할을 했다.

'아랍의 봄'이 리비아 전역으로 퍼졌고 1969년 이후 장기 집권하고 있는 카다피는 무자비하게 시위를 진압했다.

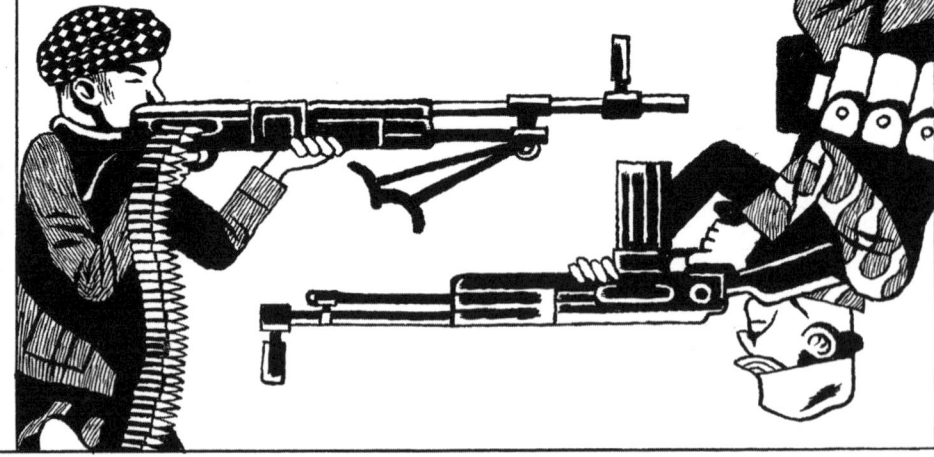

트리폴리는 정부의 통제하에 있었지만 벵가지*는 곧 국가과도위원회NTC가 이끄는 혁명주의자들 손에 떨어졌다.

* 지중해에 면한 항구도시로 트리폴리와 함께 리비아 전체의 수도다.

* 원문은 Leading the behind다.

2011년 봄 시리아에서 잔인한 진압이 일어났지만 비폭력 저항은 계속되었다.

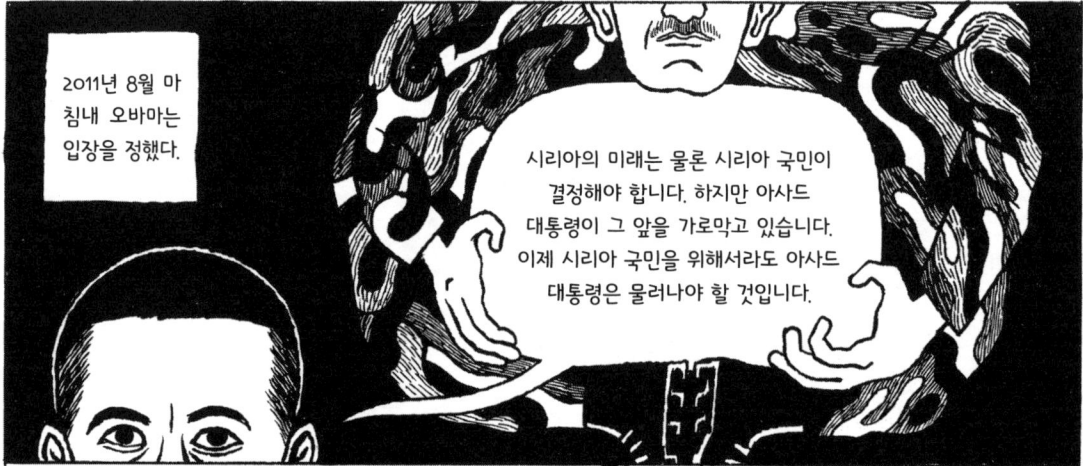

2011년 8월 마침내 오바마는 입장을 정했다.

시리아의 미래는 물론 시리아 국민이 결정해야 합니다. 하지만 아사드 대통령이 그 앞을 가로막고 있습니다. 이제 시리아 국민을 위해서라도 아사드 대통령은 물러나야 할 것입니다.

하지만 백악관은 또다시 리비아 때와 같은 무력투쟁에 말려들 수 없었다.

2011년 9월 카다피가 사망한 후 오바마는 프랑스와 영국이 트리폴리를 '해방'하는 데 앞장서도록 내버려뒀다.

워싱턴이 다마스쿠스와 외교관계를 중단하지 않자 시리아 독재 저항세력은 외교적으로 애매한 상황에 놓이게 되었다.

국제적 원조를 얻을 만큼 합법적이지도 않았고 서방의 꼭두각시라 조롱하는 아사드의 공격에도 취약했다.

테러와의 전쟁에서 부시 행정부를 도왔던 아랍의 독재자들은 오바마가 배신을 했다며 비난했다.

아이러니하게도 이슬람교도들은 CIA와 모사드, 걸프 국가가 맺은 음모를 실행하는 미국의 비밀요원들로 그려졌다.

이러한 음모가 사실임을 확신한 푸틴은 아사드를 지원했다.

사실 러시아는 미국이 만들어 놓은 빈틈에 발을 들인 것뿐이었다.

오바마에게 세계와 미국의 운명은 중동이 아닌 태평양에 달려 있었다.

시리아 혁명주의자는 외부의 지원을 받지 못한 채 무질서한 무력투쟁으로 스스로를 내몰았다.

미국의 특별한 동맹국 터키조차 국경 근처에서 시리아의 도발에 직면했을 때 NATO의 지원을 받을 수 없었다.

아사드의 공군과 대치하고 있는 반대파의 비행 금지구역 설정 요구는 무시되었다.

많은 시민의 희생이 이어지면서 공포는 점점 확산되었다.

2012년 8월 오바마는 자신의 입장을 철회하고 시리아 정권을 향해 선전포고했다. 리비아가 화학무기를 사용하면 즉시 미국이 개입하겠다는 선언이었다.

미국의 경고는 시리아의 화학무기를 우려하고 있던 이스라엘을 안심시켰다.

하지만 동시에 아사드에게는 화학무기가 아닌 재래식 무기로 시리아 국민을 공격해도 처벌을 피해갈 수 있는 기회였다.

미국 대통령의 경고는 이슬람교를 반대하는 내용의 〈무슬림의 순진함*〉이라는 영화가 인터넷에 퍼지면서 완전히 무시되었다.

* 반무슬림을 다룬 2012년 영화 제목이다. 이슬람을 믿는 사람 즉 이슬람 신자라는 뜻의 단어 '무슬림(Muslim)'을 이 책에서는 모두 '이슬람교도'로 번역했으나, 여기서는 국내에서 번역된 영화 제목 그대로 표기했다.

이집트 출신의 기독교 극단주의자가 캘리포니아에서 만든 영화였다.

영화가 카이로에 퍼지면서 이슬람 세계 전역에서 반미시위가 극에 달했다.

카이로 연설 3년 후 오바마는 한때 자신이 비난한 극단주의자가 점점 증가하는 상황에 직면하고 말았다.

튀니스와 카이로에 있는 미국 대사관이 피격되었다.

2012년 9월 11일 무장 세력은 벵가지에 있는 미국 영사관을 공격했다.

대사는 CIA에게 보호받지 못한 채 영사관을 불태운 화재에서 연기를 흡입해 사망했다.

오바마는 이제 더는 중동 문제에 관여하지 않기로 했다.

2013년 봄 미국 정보기관은 아사드의 군대가 희석된 화학무기를 사용했다는 증거를 확보했다.

자신의 대선공약을 부정하는 일이었음에도 오바마는 무시하기로 했다.

7월 이집트 군부는 민주적으로 선출된 무슬림형제단*의 무함마드 무르시**를 전복시켰다.

하지만 워싱턴은 이집트에 군사 지원을 계속하기 위해 이를 쿠데타로 인정하지 않았다.

2013년 8월 21일 시리아군은 재래식 포탄에 화학포탄까지 사용해 반군이 통제하고 있는 다마스쿠스 외곽을 공격했다.

미국은 이는 '도덕적으로 역겨운 행위'라고 비난하면서 영국, 프랑스와 함께 표적 공격을 준비했다.

* 1928년 이집트에서 창설된 이슬람 단체로, 1939년 이후 정치 운동조직으로 재편되었다.
** 이집트 첫 민선 대통령으로, 2012년 선출되었으나 취임 1년 만인 2013년 군부 쿠데타로 실각한 뒤 수감되었다. 2019년 6월 카이로 법정에서 재판을 받던 중 사망했다.

8월 31일 오바마는 이 대량학살을 힐난했다.

신중한 논의 끝에 이제 미국은 시리아 정권에 대항해 군사 행동을 취할 것이다.

그럼에도 오바마는 꼭 그럴 필요는 없지만 의회에 먼저 군사 행동 승인을 요청할 것임을 밝혔다.

하지만 마침 의회는 9월 9일까지 휴회 중이었다.

러시아가 시리아에 있는 모든 화학무기를 제거하자고 제안하면서 미국의 군사 개입은 필요가 없어졌다.

아사드는 이제 재래식 무기로 자국민을 학살하기 시작했다.

폭약과 파편이 가득한 통이 즐비했다.

엎친 데 덮친 격으로 기근까지 일어나 큰 피해가 생겼다.

*하지만 지금도 미국은 시리아, 이라크, 아프가니스탄 등지에서 군사작전을 펴고 있다.

**만화로 보는
중동, 만들어진 역사**

초판 1쇄 발행 2019년 11월 8일
초판 2쇄 발행 2020년 1월 30일

지은이   장피에르 필리유
그린이   다비드 베
옮긴이   권은하
감수   김재명
펴낸이   김한청

책임편집   이한경   편집 이건진
표지 디자인 이성아   본문 디자인 김남정
마케팅   최원준, 최지애
펴낸곳   도서출판 다른

출판등록 2004년 9월 2일 제2013-000194호
주소 서울시 마포구 동교로27길 3-12 N빌딩 2층
전화 02-3143-6478   팩스 02-3143-6479   이메일 khc15968@hanmail.net
블로그 blog.naver.com/darun_pub   페이스북 /darunpublishers

ISBN 979-11-5633-271-8 97900

* 잘못된 책은 구입하신 곳에서 바꿔 드립니다.
* 이 책은 저작권법에 의해 보호를 받는 저작물이므로, 서면을 통한 출판권자의 허락 없이
  내용의 전부 혹은 일부를 사용할 수 없습니다.
* 이 도서의 국립중앙도서관 출판시도서목록(CIP)은 서지정보유통지원시스템 홈페이지
  (http://seoji.nl.go.kr)와 국가자료공동목록시스템(http://www.nl.go.kr/kolisnet)에서
  이용하실 수 있습니다. (CIP제어번호: 2019041137)